AF277284

Todos los libros de Linkgua Ediciones cuentan con modelos de Inteligencia Artificial entrenados por hispanistas. Pregúntale al chat de tu libro lo que desees acerca de la obra o su autor/a.

Para ebooks: Accede a nuestro modelo de IA a través de un enlace.

Para libros impresos: Escanea el código QR de la portada con tu dispositivo móvil.

Obtén análisis detallados de nuestros libros, resúmenes, respuestas a tus preguntas y accede a nuestras ediciones críticas generativas para una experiencia de lectura más enriquecedora.
La transparencia y el respeto hacia la autoría de las fuentes utilizadas son distintivos básicos de nuestro proyecto. Por ello, las respuestas ofrecen, mediante un sistema de citas, las fuentes con las que han sido elaboradas.

Rodrigo de Vivero

Relación del Japón

Barcelona 2025
Linkgua-ediciones.com

Créditos

Título original: Relación del Japón.

© 2025, Red ediciones S.L.

e-mail: info@linkgua.com

Diseño de la colección: Michel Mallard.

ISBN rústica ilustrada: 978-84-9897-432-4.
ISBN tapa dura: 978-84-1126-747-2.
ISBN ebook: 978-84-9007-121-2.

Sumario

Créditos   4

Brevísima presentación   7
    La vida   7
    La relación   8

Preliminares   11
    Dedicatoria   11

Prólogo   13

El talle del emperador, su vestido y traje   33

Presente y visita al emperador de un señor del Japón   35

Presente del gobernador de Filipinas   37

Notable grandeza de un ídolo de metal que está en la ciudad de
Meaco   43

Las cláusulas y condiciones que don Rodrigo pidió al emperador   51

De la descripción de sus lugares y reinos, y de las grandezas que
tiene aquel rey   59

En que prosigue el trazo de los japoneses,   73
    como son: sus casamientos, y la guarda de sus mujeres, que allá no se
    usa dote. Doctrina que no vendría mal para España   73

De la diferencia que hay, de la condición de los japoneses a los chinos, 77
   y cuanto se precian los japoneses de feroces y bravos, y los chinos de
   mansos, templados y sufridos. Y el gran gobierno que tienen los chinos,
   en la merced que hacen a los señores y grandes, tomando ejemplo de su
   rey   77

Libros a la carta   79

Brevísima presentación

La vida
Rodrigo de Vivero y Velasco fue gobernador y capitán general de las Filipinas, en 1609 naufragó en la costa de Japón en un viaje rumbo a Nueva España:

... nació poco después de mediados del siglo XVI, y fue menino de la reina doña Ana, mujer del rey don Felipe II, de cuyo palacio salió para servir en los galeones de España, donde anduvo dos años al lado del general marqués de Santa Cruz. En 1581 pasó a la jornada de Portugal, y de allí a Nueva España, a tiempo que era general don Luis de Velasco, marqués de Salinas, que después fue virrey de aquel reino, y a cuyas órdenes sirvió diez años con doce hombres, mantenidos a su costa. De resultas de los méritos que entonces contrajo, se le nombró castellano de san Juan de Ulua, por provisión del dicho virrey de México de 14 de Junio de 1595 ; y el modo distinguido con que desempeñó este encargo le valió el nombramiento de gobernador y capitán general de la Nueva Vizcaya, en cuyo destino hizo servicios importantes, entre otros el de apaciguar un levantamiento de seis mil indios, por cuya razón fue nombrado por el referido marqués de Salinas gobernador y capitán general de las islas Filipinas, luego que se tuvo en México la noticia del fallecimiento de don Pedro de Acuña. Allí se detuvo algún tiempo, hasta que fue a sucederle don Juan de Silva, y entonces se embarcó para el Japón, donde corrió las aventuras que constan de la relación que publicamos. Vuelto a España pasó una temporada en la corte, hasta que fue agraciado con la capitanía general, gobierno y presidencia de la real audiencia de la provincia de Tierra firme y Veragua, donde sirvió muchos años, y fue hecho vizconde de San Miguel, y enseguida conde del valle de Orisaba. En 24 de enero de 1636 fue nombrado maestre de campo general del batallón del regimiento de Nueva España, y gente de guerra que en todo él se levantase, de resultas del mérito contraído cuatro años antes en Veracruz, donde el virrey de México marqués de Cerralvo le había dado una comisión importante, con motivo de andar una escuadra holandesa por aquellas aguas. El mismo año de 1636 consta, que el conde de Orisaba otorgó en la villa de este propio nombre su último testamento. Consta así mismo, que estuvo casado con doña Leonor de Ircio y Mendoza, de cuyos ascendientes hubo muchos muy distinguidos por su valor y empleos en la América. Consta por último, que dejó un hijo único llamado don Luis, que le sucedió, y que sostuvo con honor el nombre de su padre. Siendo gobernador de Costa firme escribió en Panamá una porción de observaciones sueltas, llenas de conocimientos y exactitud, pero incoherentes y desunidas, las cuales se recogieron después, y un erudito sagaz las copió en parte, y en parte las extractó con mucha inteligencia, de una mala copia que poseía el teniente coronel de artillería don Diego Panés.[1]

La relación

La *Relación del Japón*, de Rodrigo de Vivero, gobernador y capitán general de las Filipinas, narra los sucesos que vivió en 1609 tras naufragar en un viaje rumbo a Nueva España. Rodrigo desembarcó cerca de un pueblo llamado Yubanda no muy lejos de la capital. Fue tomado prisionero pero a los pocos días se le reconoció como el gobernador de Filipinas,

---

1   Nota de la edición: Almacén de frutos literarios, Madrid, Imprenta de Repullés, págs. 201-270, 1818.

se le dio un trato privilegiado y se solicitó su presencia en las cortes del Shogún Tokugawa Hidetada, en Edo, y Ogosho Tokugawa Ieyasu, en Zurunda. Al llegar ante el Ogosho, Rodrigo de Vivero hizo varias peticiones a favor de las relaciones de Japón con el imperio español:

1. libertad para que se practicase la religión cristiana en Japón,
2. relación y amistad entre ambas naciones
3. y el rechazo de cualquier contacto con los enemigos de Felipe III, en especial los holandeses con quienes el gobierno japonés mantenía vínculos.

Tokugawa se mostró poco dispuesto a romper sus relaciones con los holandeses pero accedió al resto de las peticiones hasta 1611, en que proclamó la expulsión de las órdenes católicas y la prohibición de la práctica de esta religión en todo el territorio. Relación del Japón es un libro clave para entender la política imperial de España en el siglo XVII.

Preliminares

Dedicatoria

A la Majestad Católica M Rey, nuestro Señor.

A Vuestra majestad dedico este libro, porque siendo trabajo mío le viene derecho, pues corren por su cuenta los demás padecidos en su servicio desde que nací. Suplico a Vuestra majestad lo acoja, sino es la sombra de un Rey tan grande, no basta ya en el mundo para librarse de calumnias del vulgo, a que nos sujetamos de los enemigos. Las tres partes de él, he andado, y no hay arrabales de que no sepan mis hombres. Y con la pluma tampoco he dejado la espada, ni la fortuna de acicalar la suya en contar muy buenos sucesos, dejando siempre en agraz mis esperanzas, que se han rematado con tratar solo de morir. Y como desengañado pretendo en estas postreras boqueadas hacer a Vuestra majestad el último servicio, diciéndole algunas verdades: que si Vuestra majestad mira el amor con que se escribe, podrán salir útiles. Y algún rato le será a Vuestra majestad apreciable saber con certeza las flores que están vacías, y cogen las que se marchitan por olvidadas. Y ver este mapa casi general del mundo, que el fruto de quien se ha divertido por él, tanto viene a hacer contar, como los soldados viejos en la paz los trabajos de la guerra. Y si por dicha mía Vuestra majestad se diere por servido, no quedaré yo con eso mal pagado, pues habré conseguido el mayor premio de mis deseos. Quede a Vuestra majestad como la Cristiandad ha de menester. Humilde vasallo de Vuestra majestad el conde del Valle.

Prólogo

Considerando lo que he peregrinado del mundo, con tantos méritos ganados y con tanto tiempo perdido, ya en España, ya en las Indias mexicanas, ya en la China, en el Japón, y por centro de todo esto en el primero del Perú que es Panamá, donde me ves encerrado, perdidas mis esperanzas; he sacado casi de la sepultura la pluma para referir mis tormentas en esos discursos, haciendo lo que el Predicador famoso, que de la letra del Evangelio, saca provecho a las gentes. De todo me hace tratar la esperanza. Coja el lector lo que le pareciera a su propósito, y no desestime lo demás; que los gustos son varios, y lo que desagrada a los unos, apetece a los otros. Y es cierto, que si hubiese yertos, no lo serán de la voluntad.

Relación que hace don Rodrigo de Vivero y Velasco —que se halló en diferentes cuadernos y papeles sueltos—, de lo que sucedió volviendo de gobernador y capitán general de las Filipinas, y de la arribada que tuvo en el Japón, donde se hallan cosas muy particulares, que por estar cualquiera ansioso, se empleará en leerla, suplicando pase de lo que no le pareciere muy posible, y si su curiosidad adelantare en quererlo averiguar, hallará muchos autores y libros que se lo acrediten, es lo que se sigue

El año de 1608, a 30 de septiembre, día del Glorioso San Jerónimo, se perdió la nao San Francisco, en la que yo salí de las Filipinas,[2] habiendo servido allí a Vuestra majestad en el Gobierno de ellas, y aunque las tormentas y naufragios que hasta este punto se padecieron eran copiosas para hacer

2   Había salido de Manila el 25 de julio. (N. del E.)

una larga relación, no sé si en sesenta y cinco días que duró la navegación, hasta que llegó esta desdichada hora, se han pasado en la mar del norte ni en la del sur, mayores desventuras. El fin de ellas y principio de otras fue hacerse pedazos la nao en unos arrecifes en la cabeza del Japón en 35° y medio de altura, con yerro de tan gran perjuicio en todas las cartas de marear por donde hasta allí se había navegado, que pintaban esta cabeza del Japón en 33° y medio: en suma, por esta razón o por la original y verdadera que fue cumpliese la voluntad de Dios, se perdió este galeón con dos millones de hacienda, y desde las diez de la noche que bajó en tierra, hasta otro día después de amanecido media hora, todos los que escapamos estuvimos colgados de la jarcias y cuerdas, porque la nao se fue partiendo en pedazos, y el más animoso expresaba por credos su fin, como se les iba llegando a cincuenta personas que se ahogaron sacadas de los golpes y olas de la mar de entre los demás que nos libramos con tan gran misericordia de Dios, saliendo unos en maderos, otros en tablas, y los que se quedaron últimamente en un pedazo de la popa que fue el más fuerte, y por más rico alguno (que sacó), digo entre muchos, que sacó camisa, no sabiendo nadie si era isla despoblada, o en qué paraje caía, porque según la altura, los pilotos decían que no podía ser del Japón, mandé a dos marineros que subieran arriba y descubriesen algo de la tierra, y al poco rato volvieron pidiéndome albricias de que había sembrados de arroz. Pero caso que esto aseguraba la comida, no las vidas de los que allí íbamos sin armas ni defensa humana, si por desgracia la gente de la isla no fuerala que fue, que dentro de un cuarto de hora, parecieron japoneses, nueva de sumo gusto y alegría universal, pero particularmente para mí, porque siendo gobernador de las Filipinas, y hallando que la Real Audiencia que antes de mi llegada gobernaba, tenía presos doscientos japoneses con causa, que debían de justificarse cuando se prendieron, pero a la sazón tenía razones favorables de parte de ellos, con que me determiné, no solo a sacarlos de la cárcel, sino a darles embarcación y pasaje seguro para su tierra. De que el emperador se me había mostrado notablemente agradecido, hice seguro juicio de que no olvidaría esto, y siempre tuve las esforzadas esperanzas de su gratitud, que después vi cumplida. Llegaron cinco o seis japoneses de los que digo a nosotros, lastimándose por palabras y demostraciones mucho de vernos así, y mediante un Japón cristiano que se perdió conmigo, yo les pregunté dónde estábamos, y ellos en breves razones respondieron que en el Japón, y en un pueblo suyo llamado Yubanda, que caía legua y media de allí, para donde partimos con un aire delgado y frío, porque el de aquellas islas es riguroso en invierno, cuyo principio comenzaba ya, y con la poca ropa que llevamos llegamos al pueblo, una aldea de las postreras de aquella villa. Pienso que la más sola y pobre de todo el reino, porque no tenía más de trescientos vecinos vasallos del señor, fino de bondad. Que aunque en renta no de los prósperos de allá, señor de muchos vasallos y lugares, y de una fortaleza inexpugnable, de la que trataré más adelante. Habiendo llegado a este lugarejo, el intérprete de su nación que conmigo iba, les dijo que yo era el gobernador de Luzón, que así se llamaban las Filipinas, y comenzó nuestro discurso desgraciado, del que ellos se enternecieron, y las mujeres lloraban, que son por ese extremo compasivas, y así nació de ellas el pedir a sus maridos que nos prestasen algunas ropas que llaman quimones,[3] forradas de algodón, como lo hicieron liberalmente. A mí me las dieron, y el sustento de que ellos gozan, que es arroz, y algunas legumbres de rábanos y be-

---

3   Kimonos. (N. del E.)

renjenas, y aunque varias veces pescado, que en aquella costa se pesca dificultosamente. Luego dieron noticia al señor de su pueblo, que vivía a 6 leguas de allí, y éste mandó que me regalasen, pero que no me dejasen salir, ni a ninguno de los que conmigo venían. Y antes de comunicármelo hicieron una junta, y de ella salió determinado que nos pasasen a todos a cuchillo, de lo que me dio cuenta el huésped de mi posada. Dios, que nos había librado de mayores tempestades, aplacó también aquélla, y dentro de tres o cuatro días vino con grandísima autoridad a visitarme, señor de aquellas tierras, trayéndome delante de sí más de trescientos hombres, con insignias diferentes, como la del Dayre,[4] rey del Japón, a cada uno de estos señores conforme a su calidad y estado: los más de estos hombres que le acompañaban, venían con lanzas y arcabuces, y unas que llaman *nanguinatas*, que parecen algo a las alabardas que acá veíamos, aunque son de acero y más fuerza y mejores. Envióme a decir antes de entrar en el lugar con un criado suyo que entró acompañado de más de treinta personas, que venía a verme, y habiéndole yo respondido el gusto que con su visita recibiría, salió a dar la respuesta a su amo. Al poco rato vino otro con más acompañamiento y mayor autoridad que el primero. Este entró a verme.

El recado que me dio fue que el Tono su Señor me besaba las manos. ¡Que ya estaba en el lugar!, ¡que mientras se iba acercando mayor contento tenía de haberme de ver! A mí me pareció que para cumplir con el uso de la tierra, estaba obligado a mandar un criado a visitarle, el cual le encontró cerca de mi posada. Habiéndole recibido muy amigable y amorosamente, le respondió como pudiera el mayor cortesano de Madrid. Apeóse de un caballo muy lindo que llevaba, y allí llamó otro criado, y éste entró con mayor autoridad que nin-

---

4   Daimio. (N. del E.)

guno de los demás a decirme que venía. Salí a recibirle, y en viéndome, se paró, e hizo una cortesía con la mano y con la cabeza que es semejante a una reverencia de las que por acá se acostumbran.

Porfió gran rato conmigo sobre quién había de ir en mejor lugar; que así como entre los españoles es la mano derecha, en el Japón no, sino con la izquierda, porque dicen que aquél es el lado de la espada. Que a quien se fía, ha de ser mi grande amigo. Al fin me puso por fuerza en el mejor lugar, y al entrar por la puerta, siempre me la dio; que también tienen por mayor comedimiento quedarse a la postre, porque dicen que si no es de un grande amigo, no se puede nadie fiar a rostro vuelto. Llegando a sentarnos hizo lo mismo, mejorándome el asiento y comenzó a darme el pésame de mis penalidades, con tan discretas razones y tan buenos conceptos, que no me puso en poco cuidado de no responderle. Trájome de presente cuatro ropas, que como he dicho, se llaman quimones, forrados de algodón de damasco, y telas diferentes guarnecidas en oro y seda.

Muy curiosas y galanas según su modo y traje. También me dio una espada que llaman castrana, y una vaca y unas gallinas, y frutas de su tierra, que son extremadas; y vino de arroz, que después del que se hace de uvas, no sé que haya otro que le llegase. Aunque este presente no fue pequeño, hizo una grandeza digna de contarse, que mandó que hasta que el emperador diese orden en lo que debía de hacerse de mí, de trescientos hombres que era los que allí estábamos, nos dieron de comer a todos a su costa, como lo hicieron durante treinta y siete días que duró el estar en su pueblo. Diome licencia para mandar dos personas al príncipe y al emperador con la nueva de mi suceso, como lo hice, despachando al alférez Antón Pequeño y al capitán Cevicos, con cartas, dándoles cuenta de ello. Y aunque la corte del príncipe, estaba a 40 leguas de allí, en la ciudad de Sendo, de ella a la de Surunga, donde reside su padre el emperador, hay otras 40, y materia tan nueva no podía dejar subió conmigo otros cuarenta o cincuenta pasos donde comenzaba el palacio y casa del Tono, el cual me estaba esperando fuera, y habiéndome hablado y dicho que fuese bienvenido a su casa, se adelantó y pasó cinco o seis salas y piezas más adelante, dejando algunos criados que me fueron guiando. Estos aposentos eran todos de madera, porque en los que duermen y habitan de ordinario los grandes señores en el Japón, temiendo los temblores, no los hacen de piedra, pero los labran con gran primor, y tienen tan diversos matices de oro, plata y colores, no solo en el techo pero desde el suelo hasta arriba, que siempre halla la vista en qué ocuparse. Llegué a una pieza donde el Tono estaba, y después de habernos sentado y parlado un rato, me mostró su armería que parecía más de rey que de caballero particular. Luego se hizo hora de comer y él se levantó y me trajo el primer plato, costumbre muy recibida en Japón, en que muestran el amor que tienen a sus huéspedes. Hubo de carne, pescado y fruta, abundancia de todos regalos. Habiéndose alzado la mesa, y descansado un rato, yo me despedí para ir, a dormir a 2 leguas de allí, y él me dio un caballo de paso regulado. Y desde este día hasta que después volviendo a la corte del príncipe seis meses más adelante le vi en ella, siempre me escribió y continuó el trato de amistad con que había comenzado.

En 30 leguas, pocas más o menos que caminé hasta la ciudad de Sendo, que como he dicho, es la corte del príncipe, no hallé cosa notable que poder escribir, que aunque los lugares eran mayores y la multitud de la gente, de manera que nos ponía admiración como después veréis, tanto más de esto puédese bien pasar entre renglones, en todas partes nos hospedaron, agasajaron y regalaron con el amor que pudieran al más estimado de su rey y reino. El día que hube de entrar en la corte y famosa ciudad de Sendo, salieron muchos caballeros a pedirme que fuese su huésped, y no pude hacer esta elección, porque por orden del príncipe me tenían posada, a la cual llegué a las cinco de la tarde, tan acompañado de gente que salió a recibirme de la ciudad, que con la novedad de los forasteros, personas y trajes que otra vez, no habían visto, iba infinita, de suerte que fue menester detenerlos y hacer fuerza en las calles con ser más bien anchas, para pasar adelante. Corrió la voz de manera de los recién llegados, que en ocho días que la primera vez que estuve en esta ciudad, no me dejaban sosegar un momento, y aunque las visitas de gente principal no las excusé; para que los plebeyos y gente común me dejaran en paz, y comer y descansar un rato, hube de valerme del secretario del príncipe, el cual me puso guarda en la puerta, y un bando fijado en ella, para que de engendrar dificultades con los gobernadores del Japón. Ministros de los reyes tan fáciles en los despachos que dentro de veinte días volvieron mis mensajeros, y con ellos un criado del príncipe, en cuyo gobierno aquello caía. Y aunque él no se atrevió a disponer de nada sin comunicarlo a su padre, las chapas que se me enviaron que son como provisiones reales, hacían relación de haberse dado cuenta al emperador, y venir también por su orden este criado, que como digo, llegó a decirme de parte de entre ambos, que les había pesado de mi pérdida, pero que allí me enviaban despachos para que la ropa que hubiese salido a la plaza de la nao, se me entregase, y para que yo pasare a la corte del príncipe y del embajador, y que en camino los justicias y gobernadores, me hospedasen, diesen aviso y regalasen. Y que la ropa que mandaba entregar de la nao, pedida era conforme a las leyes de su reino del príncipe, porque una de ellas decía que cualquiera nao que se perdiese en el Japón, de extranjeros o naturales, lo que saliese a tierra fuese del rey de ella, y que él, como de cosa suya me hacía merced de dármela para mi avío, que me entregaba las llaves de los almacenes donde estaba; que yo las recibiese luego, y mandase hacer de ello según mi voluntad. No viose diferencia sobre todo si el emperador me podía dar esta ropa, o yo con buena conciencia tomarla, y aunque era el tiempo más estrecho de mi vida, y no faltaban opiniones favorables de mi parte. Habiéndolo todo considerado, recibí las llaves y las entregué al capitán maestre de la nao, para que volviese aquellos géneros y mercancías a Manila o su procedido, y lo entregase a quien de derecho perteneciese. Con esto me partía para la ciudad de Sendo. La primera jornada la hice en un lugar de diez o doce mil vecinos llamado Hondaque, y habiéndome apeado en una posada, me envió el Tono a pedir la respuesta de que no pasase a su casa, y que luego venía a por mí, con lo cual me vi obligado a ir a ella, que estaba en un alto superior a todo el lugar, y entrando por la primera puerta había un foso de más de cincuenta estados de hondo, con un puente levadizo, que en alzándola, parecía caso imposible, o a lo menos dificultoso poder ganar la puerta de la fortaleza. Y dado que en ese sitio por naturaleza o a lo menos con muy poco artificio era tan inexpugnable, no me admiró menos lo que vi allí delante así en la fortaleza, con las puertas todas de hierro y muy grandes, como en una muralla, que delante del foso, había hecho un terraplén de más de seis varas de alto, y otras tantas de ancho. A esta puerta había cosa de cien arcabuceros con las armas en la mano, y con gran recato, como si el enemigo estuviera cabe de ellos; y cosa de cien pasos más adelante, otra puerta fuerte con otra muralla más pequeña hecha de piedras grandes de cantería. Y entre la puerta primera y la segunda, había casas, huertas y jardines, y aun sembrados de arroz, con que aunque se cercara la fortaleza, se pudiesen sustentar algunos meses. En esta puerta segunda debía de haber treinta personas con lanzas, y el capitán de ellos, con muy gran cortesía ninguno entrare sin mi licencia. Y aunque es así que la ciudad de Sendo no tiene tanta gente como otras de Japón, es singular en calidades que la hacen famosa, las cuales referiré en la parte que me acuerde. Tiene esta ciudad ciento y cincuenta mil vecinos, y, aunque la mar en las casas de ella, entra un río caudaloso por medio del lugar, y en él hay barcas de razonable porte, que las naos no pueden por no ser tanta la hondura. Por este río que se divide y desangra por muchas calles viene la mayor parte del bastimento con tanta comodidad y a precios tan baratos, que come un hombre razonablemente con medio real cada día. Y aunque los japoneses no gastan pan sino como género extraordinario, no es encarecimiento decir que el que se hace en aquel pueblo es el mejor del mundo, y porque lo compran pocos, es casi de balde. Las calles y sitios de esta ciudad tienen tanto que ver cuanto hay que considerar en su gobierno, porque puede competir con el de los romanos. Pocas calles hay una mejor que otra sino todas en igualdad y proporción: anchas, largas y derechas, mucho más que las de nuestra España. Las casas son de madera, y de dos atrios algunas y no todas, y dado que parecen mejor las nuestras por fuera, el primor de aquéllas por dentro, las hace de grandísima ventaja. Y la limpieza de las calles es de manera que dicen que no las pisa nadie. Tienen todas portales, y están distintamente separadas conforme a los oficios y personas.

En una calle carpinteros, sin que se mezcle otro oficio o persona; en otra zapateros, herreros, sastres, mercaderes, y en suma, por calles y barrios, todos los oficios de géneros diferentes, que se pueden comprender, y muchos que en Europa ni se usan ni acostumbran.

Y así mismo conocen los mercaderes, porque los de la plata tienen barrio solo, los del oro también, los de la seda y otros géneros con el mismo orden, sin que se vea un oficio encontrado en la calle de otro. Hay sitio particular y calles para la caza, así de perdices como de ánsares, cabancos, grullas, gallinas, y todo género de volatería en abundancia. En otra calle se pone la caza de conejos, liebres, jabalíes, y venados, de los que también hay incomprensible número. Otro barrio hay que llaman la pescadería, que por su curiosidad, me llevaron a que lo viese, porque se venden en él todos los géneros de pescado de la mar y de los ríos. Que pueden desearse frescos y salados, y frescos; y en unas tinas muy grandes llenas de agua mucho pescado vivo. De a la manera que a la medida del gusto lo hallara quien quisiese comprar, y como son tantos los vendedores, salen al camino, y hacen conforme al tiempo y a la necesidad en que se ven. El barrio de la verdura y de la fruta están también dignos de ver, y no es menor de todo lo que he dicho, porque además de la abundancia y diversidad, la limpieza con que está puesto, causa apetito a los compradores. Hay también calles y calles de solo mesones, sin que atraviese otra casa por medio. Hay casas donde se alquilan y venden caballos, y está la copia de ellos, que cuando llega el caminante, que es costumbre mudar caballos cada 2 leguas, son tantos los que le salen a convidar y a mostrar el buen paso de su caballo, que apenas sabe cómo escoger. El barrio y calle de las malas mujeres siempre lo tienen en los arrabales del lugar. Los caballeros y señores están en barrios y calles que hacen división de los demás del pueblo, y con éstos no se mezcla hombre común ni persona que no sea de su calidad, ni conociere bien. Ellos tiene solo las armas pintadas y doradas en lo alto de las puertas de sus casas, y en esto gastan tanto, que hay portada que cuesta más de 40.000 ducados.

En lo que es el gobierno político de la ciudad, hay un gobernador superior a todos los demás jueces; pero cada calle tiene dos puertas, una a la entrada, y otra a la salida de ella, y el hombre más a propósito y más honrado de los de esta calle es el alcalde, y juez de ella, y corren por su cuenta todos los pleitos civiles y criminales, para castigarlos, y dan razón al gobernador superior de las cosas graves y en que se ofrezca dificultad, siendo la primera ley que en ellos no podrán recibir ruegos ni intersección, así los inferiores como los superiores, porque no les impida hacer justicia. Estas calles se cierran cada una en anocheciendo, y hay siempre soldados de posta de día y de noche, de manera que si se comete un delito, pasa la voz y la palabra, y en un instante se quedan las puertas cerradas, y el delincuente, dentro para castigarle. Y aunque voy hablando de la ciudad de Sendo, corte del príncipe, así en el gobierno político como en todo lo demás, lo mismo que en esta ciudad corre y se usa y está asentado en todas las del reino, y como la mayor parte de ellas, caen sobre la mar, goza igualmente del regalo del pescado, que carne no comen, sino la que matan es de caza, porque es contra a su ley. En esta ciudad de Sendo ha prometido el príncipe públicamente el monasterio de San Francisco, de frailes Descalzos, y esta permisión es sola en el reino, porque no hay otra descubierta, si no es con título de casas de vecinos.

Dos días después de haber llegado, y habiéndome en ellos enviado a visitar al príncipe con su general de la mar, dos veces se me avisó por parte de su secretario, que podía ir a besarle la mano, como lo hice más tarde, a las cuatro. No sería poco acertar a decir lo que vi de grandeza, así en lo material de esta casa real y edificios, como en los muchos caballeros y soldados con los que aquel día estaba poblado el palacio, pues sin ninguna duda desde la primera puerta hasta el aposento del príncipe, había más de veinte mil personas no advenedizas, sino criados que viven en palacio, de diferentes ministerios. El muro principal y primero es de una piedra de cantería grandísima, cuadrada, sin cal, ni otra mezcla; más que asentadas en la muralla, y ésta es anchísima y con sus troneras para disparar artillería, que tiene alguna aunque poca. Debajo de esta muralla hay un foso que lo bate el río, y un puente de artificio que jamás he visto. Las puertas son fuertes, y habiéndomelas abierto, se mostraron dos hileras de arcabuceros y mosqueteros que a mi parecer había más de mil hombres, y si no me engaño, me lo dijo así el capitán de ellos, que pasó hasta la segunda puerta, donde vi otro género de muralla hecha con terraplenes, y la distancia de una a otra, eran trescientos pasos. Aquí estaban una compañía de picas y lanzas de cuatrocientos hombres. Lleváronme a la tercera puerta que tiene otro muro de piedra, de cuatro varas en alto, y en éstos hay unos, como a trechos, rebellines para la arcabucería y mosquetería, y otra compañía que son como de alabardas en número de trescientos soldados, que ésos y los otros tienen sus casas en la distancia que hay entre las puertas, con muy lindos jardines, y ventanas que miran a la ciudad. Desde la tercera puerta se comienza a entrar en la casa real, y a un lado están las caballerizas, pobladas de más de doscientos caballos, que vi cómo los tienen, bien tratados y gordos, y hubiera quien los doctrinara como en España: no les faltaba de nada. Estaban atados con dos ramales de cadenas cada uno, las ancas vueltas a las paredes, y los rostros por la parte que se entraba en las caballerías, por que no hubiese peligro en darles algunas coces.

Al otro lado está la armería del príncipe, rica de coseletes dorados de los que ellos usan, picas, lanzas, arcabuces, catanas, y con armas de armar cien mil hombres. Adelante se sigue la primera sala del palacio, donde ni se veía el suelo ni las paredes del techo, porque en el suelo tienen unos que llaman tazames, a manera de esteras, aunque mucho más lindas, guarnecidas por los cantos, de telas de color de oro y rasos labrados, y terciopelos con muchas flores de oro, y como son cuadrados de la hechura de un bufete, y se aprestan tan bien, hacen entramada labor. Las paredes todas se labran de madera y tablas, y tan matizadas de pintura de oro, plata y cobre; y de cosas de montería diversamente, y el techo de la misma suerte, de modo que no se echa de ver el blanco de la madera; y aunque nos pareció a los forasteros que no se podía desear más de lo que en esta primera sala se vio, la segunda pieza era mejor, y la tercera más aventajada, y siempre más adentro era de mayor curiosidad y riqueza. Con estos aposentos salieron a recibirme muchos caballeros y señores, que según lo que entiendo, tienen limitada licencia para no pasar de sus puestos y lugares, porque en donde unos nos dejaban, otros nos recibían. El príncipe me esperó en una sala grande, que en medio de ella había tres escalones y seis u ocho pasos más adelante estaba sentado en el suelo y sobre este género de esteras que he dicho, y con un puño cuadrado como alfombra de terciopelo carmesí guarnecido de oro, y el vestido de verde y amarillo, con la ropa de lo que llaman quimones, y, ceñida su espada y daga, que dicen catanas, en la cabeza no tenía mas que una cinta de color, y trenzado el cabello con ella. Es un hombre de treinta y cinco años, moreno, pero de buen rostro y estatura. Mandaron sus secretarios quedar, a los que iban conmigo, y, así entraron ellos dos solos hasta ponerme en un asiento, que aunque también era en el suelo como el del príncipe, estaba cerca de él, cosa de cuatro pasos, y su lado izquierdo. Mandóme cubrir, y sonriéndome, dijo a los intérpretes, que tanto cuanto se había holgado de verme y conocerme; le daba pena parecerle que debía de estar melancólico de mi pérdida, y que los hombres tan principales, no se debían entristecer, de los sucesos torcidos que no se causaron por su culpa. Que me alentase, que en su reino estaba, donde en todo lo que se me ofreciere, se me había de hacer merced. Yo le di las gracias por esto, y le respondí lo mejor que supe. Y en algunas preguntas de la navegación y de la nao que me detuvo larga media hora, y últimamente le pedí licencia para pasar a otro día a la corte del emperador su padre; díjome que a otro no, pero que me la daba para salir de allí a cuatro, porque le quería avisar primero, y que mandaría en los caminos que me hospedasen y regalasen como mi persona lo merecía. Con esto me despedí y volví a mi posada ya tarde, y de allí a cuatro días salí para la corte de Surunga, 40 leguas de la de Sendo; y aunque no me faltara que poder contar de las ciudades, que vi en el camino y de su grandeza y curiosidad, por no gastar tiempo lo excuso, con solo advertir que el lugar que tiene veinte mil vecinos llaman allá aldea, y en todos los caminos que hay desde la una corte a la otra, y aun desde Surunga a la ciudad de Meaco, no se hallará un cuarto de legua despoblado, con ser más de ciento de distancia, y siempre que el caminante levante la cabeza verá ir y venir gente, y muy ordinario tanta como la que acá se halla en nuestros lugares, y por un lado y otro del camino está una alameda hecha de pinos tan sombría y agradable, que pocas veces puede ofender el Sol a los caminantes, y porque no haya necesidad de preguntar por las leguas, las tienen medidas, y donde se acaba una legua, ponen por señal un cerrillo con dos árboles, y si al término de la legua, se acaba en medio de una calle, allí derriban las casas y ponen una señal, sin alargarla ni acortarla, por ningún favor humano.

Al fin yo llegué a Surunga, habiendo caminado cinco días, y con la prevención del príncipe fui tan bien hospedado y recibido por todas partes, que a no faltar Dios entre aquellos bárbaros, y ser vasallo de mi rey, negara mi patria por la suya. Lo que me pasó en Surunga, lo diré brevemente. La ciudad de Surunga será de ciento veinte mil vecinos, aunque no de tan buenas calles como la de Sendo: el templo se tiene por mejor, y así lo escogió el emperador Taycosama para su habitación. Salióme a recibir un criado suyo a las puertas del lugar, y mostrarme la posada donde me había de quedar, a la cual llegué con la misma tempestad que me había corrido otras partes, porque el tumulto de la gente se conmovía a la novedad de los extranjeros, que con mucha dificultad pasábamos a través de ellos por entre las calles.

A otro día de haber llegado, me envió el emperador a uno de sus secretarios a visitarme, y darme ropas y vestidos de los que él traía, con muchas flores de oro y seda, y de colores diversos; díjome el secretario que el emperador se había alegrado mucho de mi llegada a su corte, que le hiciera saber cómo venía, y que descansase y me vistiese con aquellas ropas y vestidos. Pues habiendo sabido que había salido de la mar desnudo, el mayor regalo que me podía hacer, era enviarme algo con lo que me vistiese.

Detúvose un rato, preguntando algunas cosas de España y del rey nuestro señor. Y los demás días que estuve allí, estuve siempre de su parte y de la del emperador, que me traían algún regalo de fruta y conserva, y algunos peces tan grandes como los mayores de España.

Habiéndome estado seis días en la corte, me dijo el secretario que cuándo quería ver al emperador, y respondíle que aquello no pendía de mi voluntad, sino de la de su alteza, con lo que se fue y me avisó que otro día a las dos enviaría algunos caballeros de palacio que me llevasen. A esta hora llegué a las primeras puertas de la casa real, que no tiene tanto que ver como la del príncipe su hijo, ni la casa es tan linda, aunque si no hubiera visto la otra me lo pudiera parecer. Y en algunas cosas se trata el príncipe con mayor autoridad. Bien es verdad que en las guardas de las puertas y en los fosos y murallas, poco difieren los dos palacios, y como el emperador es más viejo y puede temer en su muerte, pues sus predecesores no se heredan, sino que por tiranía o por fuerza de armas se alcanzan; ha habido muertes de reyes, accidentalmente, y por esta causa el emperador vive recatado, y con más fuerza de armas y gente que el príncipe.

También las tres puertas son fuertes como en Sendo, y con los soldados en ellas, que allá, aunque en mayor número. Pasadas éstas, comencé a entrar por los aposentos de palacio, y noté con particularidad que los trajes e insignias de los que me recibían en una sala, eran diferentes de los que me pasaban a otra; y llegando a un aposento antes del que estaba el emperador, salieron dos secretarios suyos, que cerca de las personas reales del Japón, son estos oficios de mayor autoridad y estimación. Y así se mostró en el gran acompañamiento que sacaron. Pasóse un rato, en las cortesías de quién se había de sentar delante, y al cabo me vencieron y pusieron en el mejor lugar, y el más viejo y preminente de ellos, hizo una larga oración, dándome la enhorabuena de haber llegado tan cerca de su rey, con que todos mis trabajos tendrían consuelo y remedio, y que ellos como ministros suyos, que despachaban las mayores importancias del reino, se hacían cargo de todos mis negocios y pretensiones. Yo les di las gracias de esto, y habiéndoles respondido, volvió a tomar la mano, diciendo que entre las cosas que le habían tenido suspenso, era que como el emperador poseía la mayor monarquía del mundo, y a esta medida, tenía la majestad y autoridad.

Y en esta ceremonia real, no cabía dispensa. Y acontecía llegar a verle un señor que allá llaman Tono, de tres millones de renta, y a más de cien pasos, hincar las rodillas en el suelo, y bajar la cabeza poniendo un rico presente, y volverse con esto a su tierra, sin hablar al emperador, ni decírselo a nadie en su real nombre. Que temía que por mucho que se alargase en regalarme, había de extrañar el trato, y condenar a sequedad la emperador, no habiéndola en él, sino un deseo muy grande de regalarme.

A mí me pareció esta prevención, que me obligaba a considerar mi respuesta, y así, advirtiendo a los intérpretes que escuchasen e interpretasen legalmente, le dije que había estado atento a las buenas razones que me habían propuesto, y que lo que se me ofrecía que responderle era repetir por segunda vez lo que en otra ocasión le referí, y era que el rey don Felipe mi señor había honrado con servirse de mí en el gobierno de las Filipinas, y que volviendo a darle cuenta de lo que a mi cargo estuvo sin ver la derrota, llegar al Japón. También sería posible que nunca llegase otro de mis sucesores, que no fuese tan desdichado. La nao en que venía, con una tormenta recia, violenta, de la fuerza del viento y de las corrientes, había venido a parar a unos arrecifes y peñas en la costa del Japón, donde la nao se hizo pedazos, y los que escapamos de ella, salimos en maderos y tablas, juzgando que estábamos en una isla despoblada, y hallándonos después gozosísimos de que fuese tierra de Japón, y donde reinaba un rey tan grande y tan piadoso para los forasteros, pero que aunque en esto se nos había mejorado la suerte, estaba claro que hombres desnudos y a quien la fortuna había echado allí sin dejarles más que la vida, y ésa, a voluntad del emperador, cualquier gracia que se les hiciese era estimable. Y que yo, como cualquiera de ellos, había estado con nombre de cautivo tantos días, y no cabía en razón que pudiese en demanda y pleito a la cortesía que me quisiese hacer, quien en habérmela hecho de la vida, me había honrado tanto. Pero vi que por dos caminos me podía recibir y tratar el emperador. El uno, como a un caballero particular que en sus reinos se perdió; y el otro, como un criado de mi rey, y que tan de cerca había representado a su persona. Que el primer camino solo me ofrecía dificultades, pues lo que por mí solo merecía, cualquier honra que su alteza me hiciese, me sobraba de ancha, pero que determinándose y tratándome como criado y ministro de mi rey, todavía tenía que pensar por qué el rey mi señor era conocidamente el más poderoso y mayor rey del mundo, pues sus monarquías e imperios se extendían por toda la India oriental, y por lo demás del Nuevo Mundo, sin lo que en Europa poseía, con lo que se habían tenido por grandes reyes sus antecesores, y que siendo amigo suyo el emperador como profesaba, todo lo que llevase adelante esta amistad, y su conservación sin interrupción, por dejar de hacer merced a sus vasallos y criados de mi rey, entendía yo que su alteza lo procuraría sin embargo de que por mi parte aseguraba que de cualquier manera que me tratase, me hallaría muy favorecido y honrado. Estas palabras oyó el secretario con grandísima atención y gusto, a lo que pareció, y acabándolas de decir a los japoneses, se sorprendió y suspendió por un rato, y dijo que ya no quería que ya entrase tan presto al emperador, porque le pareció de importancia lo que le había comunicado, y que así entraba a tratarlo con su alteza.

Estuve allí más de media hora, que pasé viendo algunas lindezas de las que el emperador tenía en dos camarines cerca de donde yo estaba, dignas de tan gran rey. Salió el secretario, diciéndome que entrase, que el emperador me esperaba para hacerme la mayor merced y honra que jamás se había hecho a nadie en aquellos reinos, y de que les causaría harta novedad y admiración a los habitadores de ellos.

Con esto entré dos aposentos más adelante, y aunque cuando besé al príncipe las manos, mandaron quedar a todos, y los criados y gentes que conmigo iban de acá, les dieron licencia que entrasen, como entraron hasta ver al emperador; que en aquel pasaje les mandaron detener e hincar las rodillas en el suelo. El emperador estaba en una cuadra, pero no muy grande, pero faltan palabras para encarecer su curiosidad. Del medio de ella para adelante, subían unas gradas, y acabadas, comenzaba una reja toda de oro, que va corriendo por el lado uno y otro de la cuadra, hasta el remate de ella, y cosa de cuatro pasos de donde el emperador estaba. Y tenía de alto dos varas, y muchas puertezuelas por donde entraban y salían criados a quienes el emperador llamaba algunas veces. Que todos estaban de rodillas, y las manos puestas en el suelo, con sumo silencio y respeto. Había por la una parte y por la otra veinte caballeros de éstos, y todos los secretarios que andaban cerca del emperador, traían unos calzones tan largos, que les arrastraban por el suelo más de dos palmos, de suerte que por ningún caso se les veían los pies; y unos mantos a la hechura y traza de los que acá se usan en las entradas de los torneos, con una falda más larga.

El talle del emperador, su vestido y traje

El emperador estaba sentado en una silla de terciopelo azul, y a su lado izquierdo, como seis pasos, me tenían puesta otra de la misma manera sin diferenciarse en nada. El vestido del emperador era azul de raso, labrado con muchas estrellas y medias lunas de plata, y tenía ceñida su espada. Sin sombrero en la cabeza ni otra cosa, sino el cabello trenzado y atado con cintas de colores.

Es un viejo de sesenta años, de mediana estatura, de venerable y alegre rostro, y tan moreno como el príncipe, más gordo. Yo fui llegando con los secretarios que me guiaban, haciéndole las reverencias y acatamientos que en palacio se acostumbran a hacer al rey nuestro señor, y por haberme prevenido que no me llegase a pedirle la mano, ni a besársela, me quedé de pie junto a la misma silla que me tenía puesta, y cuando llegué a ella y le hice la primera cortesía, aunque hasta allí no había mudado el semblante, bajó un poco la cabeza, y con mucha afabilidad se rió conmigo, y levantado la mano, me hizo señal con ella que me sentase. Volví a hacer otra reverencia muy baja, y quedéme de pie. Porfióme por segunda vez, con lo cual me senté, y luego me mandó cubrir, y habiéndome pasado más de trece credos con gran silencio, llamó a los dos secretarios que tenía a su lado, y mandó que dijese el gusto que tenía con mi venida, y aunque trabajos y desdichas no podían dejar de lastimar el corazón, que me divirtiese y animase con verme en su Reino, donde todo lo que el rey don Felipe mi señor podía hacer por mí, lo haría él, con mayores ventajas. Yo me levanté y destaqué para oír el recado, y responderle, y no lo consintió. Díjele que besaba a su alteza las manos por la gran merced que me hacía, y que la presencia de los reyes y monarcas tan grandes, era poderosa para convalecer de mayores trabajos que los míos, y que así me hallaba de ellos convalecido y muy atemorizado, y contento con estar en su corte, donde no esperaba menos merced que si me hallara en la de mi rey. Con esto de allí a otro rato, me volvió a decir qué cosas quería así de mi avío como de todo lo demás que se me ofreciese, y que las comunicase a los secretarios, que el despacho de ellas se facilitaría como lo vería. Yo le respondí que mercedes de un rey como su alteza no se podían olvidar, y que así, otro día gozaría de ellas, y señalaría a su majestad las cosas en que las hubiese de recibir. Con esto, me quise levantar para irme, y mandóme sentar, diciéndome que gustaba mucho de mi vista, y que así no quería que fuese tan breve, y que entrasen los que le querían ver, como entró luego uno de los mayores señores del Japón, y lo parecía en el presente, porque de barras de plata y oro, y ropas de seda y otras cosas, valdría más de 20.000 ducados.

Presente y visita al emperador de un señor del Japón

Este se metió primero en unas mesas a las cuales no daré fe que mirase al emperador, y a más de cien pasos de donde su alteza estaba, se postró este Tono que he dicho en el suelo, bajando tanto la cabeza, que parecía querer besar la tierra, y sin que nadie le hablase palabra, ni alzar los ojos al emperador al entrar ni al salir, se volvió a ir, con tan gran acompañamiento que me contaron algunos criados míos, que pasaban de tres mil hombres, los que con él iban. Tras ese presente, entró el de Juan Esguerra general de mi nao, que hizo lo mismo que este señor que acabo de referir, y en el propio paraje, con que se volvió a su casa.

Presente del gobernador de Filipinas

Luego entró el padre comisario fray Alonso Muñoz, con el presente del gobernador de Manila, y a éste le mejoraron diez o doce pasos hacia adelante, y sin hablar palabra, se volvió como los demás. Acabado todo esto, pedí licencia para irme, el emperador me la dio, diciendo que me fuese a descansar. Salieron conmigo sus secretarios, las dos primeras salas, y luego me fueron acompañando algunos caballeros por las afueras de palacio, y éstos llegaron conmigo hasta mi posada. Otro día fui a ver al Consecundono, el secretario principal del emperador, cuya casa, aunque más pequeña que la de palacio, no tenía menos que ver que ella: salió a los postreros aposentos a recibirme, y diome colación, haciendo la salva con el vino que es muy usado entre ellos, y poniéndole sobre la cabeza, para brindarme. Después de esto, me dijo que no perdiese tiempo en negocios, sino que gozase del que tenía, y de la voluntad grande con que el emperador estaba de hacerme merced. Le di un papel traducido en su lengua. Le dije que por quitarle trabajo le refería la sustancia de él, sin haber querido quedar tan corto que no gozase con la promesa que el emperador me había hecho, no en una casa sola, sino en tres, y que en la primera le suplicaba fuese servido de honrar y favorecer a los religiosos de todas órdenes que estaban en el Japón, y mandar que les dejasen libremente en sus casas y templos, sin que nadie les ofendiese, porque el rey don Felipe mi señor tenía por ojos a los religiosos y ministros del Señor, y que así como en su majestad era esto la cosa en que más se miraba, así yo se la proponía por primera vez y más principal. Que en la segunda cláusula le suplicaba conservase y llevase adelante la amistad del rey don Felipe mi señor, pues habiendo su alteza de tenerla con algún príncipe en el mundo, con ninguno le podía estar más a cuento, por ser tan gran monarca, tan generoso, y de tan grandes partes. Que mientras su alteza le tratase más, aunque por medios tan distantes y remotos, más se agradaría de ellos. Que lo tercero que tenía que suplicarle, se derivaba de lo que acababa de decirle, pues conservando la amistad del rey don Felipe mi señor, debía su alteza no consentir los enemigos y opuestos a su real corona, como lo eran los holandeses, que al presente estaban en su reino, y que así le suplicaba los mandase apartar, pues cuando no fuesen incompatibles con la amistad de mi rey, al ser hombres de mal trato y proceder, y que vivían de andar salteando por la mar. Bastaba para que no confrontasen con su alteza, ni tuviesen amparo ni arraigo en sus tierras, reinos y provincias.

El secretario escuchó todo lo que contenía mi pedimento, y dijo que le parecía muy bien, y que lo comunicaría al emperador, y otro día me respondería. Y fue tan puntual, que al día siguiente, a las diez, estaba en mi posada, donde habiendo pasado las cosas de cortesía, en que ellos son tan puntualísimos, y dado colación y brindado, que es el principio con que se comienzan las materias más graves, me contó que habiendo leído mi memorial al emperador, había vuéltose hacia él con grandísima admiración, y díjole:

No tengo cosa de que envidiar al rey don Felipe, sino de un criado como éste.
Mirad vosotros y aprended, que habiéndose este caballero perdido y salido en cueros, y ofreciéndole yo hacerle merced en cuanto me pidiese, no me pide oro ni plata, ni cosa para sí, sino lo que conviene a su religión y al servicio de su rey. Y así le diréis que en todo lo que me pide, le haré merced, y mandaré que de aquí en adelante no sean corridos los religiosos que hay aquí en

el Japón, y que conservan la amistad del rey don Felipe por lo bien que a mí me está tenerla con tan gran rey, pero lo que toca a echar de mi reino a los holandeses, por este año será dificultoso, porque tienen palabra de seguro mío; que para adelante huelgo de conocer sus ruines condiciones.

Esto me respondió a mi memorial, y luego prosiguió y dijo:

Además de esto, me ha mandado el emperador que os diga que tiene aquí una buena nao, que si fuese menester, para que vayáis en ella a la Nueva España, os la mandaría dar, así como el avío de dineros necesario para vuestro despacho. Y que su alteza ha entendido que allí hay mineros de gran suficiencia en dar orden como se beneficia la plata, y que si el rey don Felipe le enviase cincuenta de ellos, le haría todos los partidos que quisiesen, porque aunque hay mucha en esos reinos conocidamente, se pierde la mitad, por no acertarle el beneficio.

Y yo le dificulté esto por no saber la voluntad de mi rey, pero que dándome su alteza licencia, llegaría a la provincia de Bungo, donde estaba la nao Santa Ana, y que no habiéndome de ir en ella, recibiría la merced que me ofrecía de su nao, y que respondería, o volviendo a su corte, o desde allá en forma al camino que me parecía, se podría seguir en lo que tocaba a los mineros. Con esto me despedí de la corte del emperador para la provincia de Bungo, en cuya jornada se me ofreció y vi lo que iré refiriendo.
Desde la ciudad de Surunga y corte del emperador, se va por tierra firme hasta la ciudad de Osaka, para llegar a Bungo, pasando antes por la ciudad famosa de Meaco, y por la de Figune, que algunos tiempos ha sido la corte de los emperadores del Japón. Desde Surunga a Meaco, hay 80 leguas de

camino llano y apacible, que aunque tiene algunos ríos caudalosos que se pasan en barcas, tirándolos de una banda a la otra; y son tan grandes las embarcaciones, que caben dentro los caballos de los pasajeros acomodadamente, por muchos que vayan. Los cuales estarán seguros que no dormirán en despoblados, porque como lo he referido atrás, en todo el Japón no hay un cuarto de legua yermo, y si las poblaciones fueran pequeñas y de caserío desparramado, no había mucho que espantar, pero los lugares grandes y de tanto comercio y de tan lindas calles y casas, tengo por cierto que en ningún reino del mundo se hallarán. Y así el camino por aquella tierra, es de grandísimo entretenimiento y gusto, porque en cualquiera parte hay tanta abundancia de regalo y tantos que le ofrezcan y salen a convidar con él casi de balde, que ni es menester prevenir posada ni anticipar quien tenga sazonados los manjares, porque cualquiera hora del día se hallan como se pueden pedir y desear.

De esta manera fui caminando hacia la gran ciudad de Meaco, regalado y festejado en el camino, de todos los gobernadores y señores que en él vivían, porque así lo había mandado y prevenido el emperador. Y bien sé que de los pueblos y ciudades de que no traigo memoria, de estas 80 leguas podía escribir un libro muy grande, porque pasé por muchas de treinta y cuarenta mil vecinos, y no me acuerdo haber visto aldea ni lugar pequeño en todo este viaje. Al fin llegué una tarde a la vista de la ciudad de Meaco, nombre por famosa en todo el mundo, con gran razón, por las singulares excelencias que de ella se cuentan. Está asentada en un llano tan espacioso como lo hubo de menester, para la multitud de la gente que lo ocupa, pues verifiqué que tenía de ochocientos mil hombres para arriba. Y en la vecindad hallé varios pareceres: unos, que había cuatrocientos mil vecinos; otros, que por lo menos, trescientos mil.

La verdad que seguramente se puede tener, es que no hay otro mayor lugar en lo que se conoce del mundo. Ocupan sus muros, desde una parte a la otra, diez lagunas, que yo anduve, desde las siete de la mañana, hasta poco antes de la oración; no pasando sino una hora al mediodía, y aún no acabé de salir de las primeras casas. En esta ciudad reside el Dayre, que es el rey del Japón, a quien por otro nombre llaman Boy. Este rey desde los primeros principios del Japón, ha ido sucediendo por línea recta, y como los japoneses tienen por majestad que sus reyes y señores no sean vistos ni tratados, están siempre encerrados, y aunque de derecho y justicia le venía a él gobernar los reinos del Japón, de pocos años a esta parte que Taycosama se levantó con el reino, reduciendo por fuerza de armas a su obediencia, a todos los Tonos y señores. Este Dayre que era el rey natural, quedó solo con el nombre, y él da las dignidades, títulos e investiduras, así a los grandes del reino, como al mismo emperador, para lo cual tiene día señalado en el año, y en éste acuden todos con particulares insignias, que significan la dignidad de cada uno a visitarle. Da también grados y dignidades a los ministros de los ídolos, también llamados Bonzos, de los cuales es principal cabeza y sumo sacerdote, de manera que solo el emperador se excusa de venir a hacer este reconocimiento, si no es cuando recibe la primera investidura que entonces es fuerza; y en los actos y ceremonias públicas está el emperador, y le da el mejor lugar al Dayre, que es muy bueno esto para lo poco que después le deja, pues apenas tiene con qué sustentarse. El palacio y casa real en que vive en esta ciudad de Meaco es suntuosísima y puede competir con los palacios del príncipe y del emperador, pero yo no le vi porque si no es día señalado que acabo de referir, no se deja ver de nadie ni sale de su casa, ni en el gobierno de la ciudad tiene mano ni más autoridad que gobernar lo que le cabe de sus puertas adentro. Hay en esta ciudad un virrey, puesto por el emperador, y con estar una legua la ciudad de Fusime, y a su linde la de Sacay, y Osaka, y otros muchos lugares grandes, el virrey de Meaco no tiene jurisdicción sobre ellos, ni sale la suya de los canales del lugar en que hay más en que entender que en un reino muy grande. Trátase con tanta autoridad como el emperador, y sale pocas veces de casa, y nombra seis gobernadores para el mismo lugar. Regalóme y agasajóme mucho, y preguntó con gran particularidad cosas de España, y habiendo gastado en esto un gran rato, dijo que me quería pagar el gusto que le había dado en contárselas, diciéndome algunas grandezas de aquella ciudad de donde era él virrey, que aunque a mí me pusieron admiración y espanto, no lo di a entender, porque no infiriese de allí que eran cortos los lugares de España. Díjome que en solo la ciudad de Meaco había cinco mil templos de sus dioses, sin muchas ermitas que no contaba. Afirmóme asimismo que de mujeres públicas señaladas y puestas por la justicia en barrios diferentes, había en número de cincuenta mil. Mandó que me mostrasen el entierro de Taycosama, y el Dayón, que es un ídolo de metal que allí está. Y la sala de sus dioses. Y en estas tres cosas ocupé tres días diferentes, porque con estar dentro de la ciudad, acertaron a caer tan lejos de mi posada, que no pude volver a ella hasta muy tarde, y con gracias particulares, porque allí, en saliendo un hombre de su casa, ha de ser muy pacífico para volver a ella si se aleja un poco.

Notable grandeza de un ídolo de metal que está en la ciudad de Meaco

Este ídolo de metal que llaman Daibú pudiera ser una de las siete maravillas del mundo y no sé si competir con la más maravillosa: es todo de bronce, y de tan grande y desenfadada altura, que por mucho que se encarezca, y que a mí me la encarecieron, no llegó la imaginación a lo que después vi, pensando de qué manera le acertaría a pintar por acá. Mandé a un hombre de los que conmigo iban, que subiese arriba y midiese lo que tenía de grueso el dedo pulgar de la mano derecha del ídolo, y subió estando yo presente y más de treinta personas, y con entrambos brazos, quiso abarcar el dedo, y extendiéndolos cuanto pudo, le faltaron dos palmos para acabarle de superar y ceñir, y si bien es verdad que con esto queda dicho algo de su grandeza en su proporción, no se puede decir menos, porque es una de las cosas más perfectamente acabadas de cuantas se han visto, porque pies, manos, boca, ojos, frente, y todas las demás facciones del rostro, si un famoso pintor se pusiera a pintarlas con suma perfección, no sé si llegaría a lo que allí se ve. Estábanle edificando el templo cuando yo pasé, y según lo que después me han escrito, aún está sin acabar, y de carpinteros y oficiales de todos oficios, supe que andaban de cien mil personas para arriba en la obra; que solo este desaguadero pudo tener el demonio para hacer gastar al emperador las riquezas de sus tesoros.
Pasé después al entierro de Taycosama, en el que hallé tantas cosas que ver, como lástima se me presentó, de que edificios tan célebres y suntuosos tuviesen un fin y blanco tan abominable como adorar las cenizas de un hombre que tiene el alma en el infierno. La entrada de este templo es por una calle cuesta arriba, toda enlosada con piedras blancas jas-

peadas, y, si no me engaño, hice contar los pasos que tiene, y son cuatrocientos y tantos pasos, y por el un lado, y por el otro, obra de tres pasos. En medio están levantados pilares de la misma piedra de altura de cinco varas, y en el remate de cada uno de ellos, hay una lámpara que se enciende anocheciendo, con cuya claridad hace poca falta la presencia de él. Al fin de esta calle están las primeras gradas por donde se sube al templo, y antes de entrar en él, a mano derecha un monasterio de monjas que viven también de capellanas para los oficios de él, aunque en sitio y lugar separado y diferente. La puerta principal por donde se entra al templo, es toda jaspeada y con encajes de plata y oro, que hacen tanta labor y diversidad, que solo mirarla da a entender lo que había más adentro. El cuerpo del templo está todo sobre columnas y pilares de notable grandeza, y entre ellas, un coro con sus rejas y sillas como acá le tienen en las catedrales, cantando con un tono las capellanas y los canónigos bien semejante al que acá se acostumbra en las horas, y según me informaron, también ellos rezan las suyas, a prima, tercia y víspera y maitines; aunque hice escrúpulo de oírlas, pareciéndome que no se debía prestar atención, pues eran tan encontradas con nuestra santa fe, el que me guiaba, por orden del virrey, entró en el coro, y debióles decir a lo que venía, con lo cual salieron cuatro de los canónigos a recibirme, y cuyos trajes, dijera yo, eran de algunos prebendados de Toledo, según me pareció uniforme con ellos, porque así las sotanas como las sobrepellices no se diferenciaron si no era en traer una falda muy larga que tomaban la mitad del templo, y unos bonetes muy anchos de arriba y angostos de abajo. Habláronme más amigablemente y pasaron conmigo a mostrarme el altar de sus reliquias, donde hallé una muchedumbre de lámparas, que con los milagros de Nuestra Señora de Guadalupe y los peregrinos y devotos que allí van, no se han juntado de tres partes la una, y si bien me sorprendió esto mucho, y más al ver a tanta gente en el templo, con tan gran devoción, atención y silencio que me confundí.

Corrieron cinco o seis velos de unas verjas de hierro y otras de plata, hasta la última, que dijeron que era de oro, y que detrás de ella en una caja, estaban las cenizas del Taico; pero la caja no la podía ver nadie, si no era el sumo sacerdote de ellos, pero postráronse por el suelo aún antes de llegar a la postrer cortina, y como yo notaba en ellos su engañosa y falsa devoción, así debieron de notar ellos en mí el poco respeto que yo tenía a su santuario. En suma, abrevié cuanto pude el estar allí, y ellos me llevaron a ver su casa, bosques y jardines, que no se quedan atrás los de Aranjuez, del rey, mi señor, ya que en lo artificial, tienen algunas cosas más, en lo natural del sitio y en lo ameno de él, sin duda no le llega.

Comí con ellos aquel día y no anclaron escasos en regalarme, y desde unos corredores altos estuve mirando la mucha gente que visitaba aquella casa, sin faltar, según me contaron, ni de día ni de noche. Vi en ellos el uso del agua bendita, o por mejor decir, maldita, y sus cuentas y rosarios, y sus oraciones dirigidas acá y allá. Sin embargo unos dioses se han derribado, y han surgido otros, y en total en Japón hay treinta y cinco sectas y religiones diferentes, donde unos niegan la inmortalidad del alma, otros dicen que hay muchos dioses, otros adoran a los elementos sin que nadie les haga coacción y fuerza en esto. Así pues, habiéndose juntado todos los bonzos a pedir al emperador que desterrase a nuestros frailes y religiosos del Japón, y viéndose apretado por ellos con las razones que le daban, dijo:

«¿Cuántas religiones y sectas hay en el Japón?»
Respondiéronle:

«Señor, hay treinta y cinco.»

A lo que el emperador contestó:

«Pues donde hay treinta y cinco, hay treinta y seis, así que no importa y dejadlos vivir.»

Después de haber estado más de dos horas en esa casa, me llevaron a la de las monjas, que estaban pared por medio, y cuyos trajes son unos hábitos de seda azules y blancos con las cabezas cubiertas de velos azules. Son mejores trajes para gala que para religiosas. Salió la madre abadesa a verme, a un aposento grande, y sacóme colación, y vino, siendo la primera que tomó la copa para brindar; y tras ella las demás monjas en número de diez o doce para asistir a esta fiesta, que para hacerla más cumplida, volvieron a entrar dentro y luego salieron danzando con unas sonajas en las manos, y danzaron más de media hora. Si no les dijeran que era hora que yo me fuese, no hubieran acabado tan presto, con lo cual me despedí y volví a mi posada.

Otro día me llevaron a ver la sala grande de los ídolos, con razón llamada grande, porque tiene tres carreras de caballos muy largas, y hay en ella dos mil seiscientos tabernáculos, uno para cada ídolo, y tienen insignias diferentes según lo que representan.

Todos son de metal dorado, y tienen eminencia los japoneses en hacer figuras de metal, con la mayor perfección y propiedad que se pueda encarecer. Hay renta particular en cada sala para el culto de estos ídolos.

En esta ciudad de Meaco hay tres monasterios: el de la Compañía, el de Santo Domingo y el de San Francisco, y aunque las casas e iglesias no están descubiertas, sino con otras delante que parecen de vecino, hacen muy gran fruto, y tienen mucho número de cristianos. En esta ciudad pasé víspera de Pascua de Navidad, y de allí pasé a la de Faxime, que está en saliendo de los arrabales de Meaco, y esta ciudad de Faxime, ha tenido algunos veces la corte, hasta que este emperador la llevó a Surunga; y aunque las calles son algo angostas, en lo demás, tiene las mejores calidades del Japón.

Paré en la casa de San Francisco de los padres Descalzos, y no me alegré poco de los muchos cristianos, que la noche de Navidad acudieron a oír los oficios divinos y celebrarlos, y comulgaron casi todos con tantas lágrimas y devoción, como los cristianos más ejercitados.

De este lugar pasé a la gran ciudad de Osaka por un río como el de Sevilla, que tiene 10 leguas, y no menos barcos y comercio que el otro: llévanlo en algunas partes a la fuerza, y hácese el viaje en un día con poco trabajo. También pasé en la ciudad de Osaka, y me alojé en la casa de los religiosos de San Francisco, y hay también religiosos de la Compañía y Santo Domingo. Este lugar es a mi juicio el más lindo del Japón; tiene doscientos mil vecinos, y como la mar está junto a las casas, gózase de los regalos de la mar y de la tierra con grandísima abundancia, y las casas son en general de dos altos, y curiosamente labradas. La ciudad de Sacay está junto a ésta, 2 leguas, y aunque no la vi, sé que tiene más de ochenta mil vecinos. Embárqueme en Osaka en un barco que llaman allá funca, casi del porte de los que andan en el río de Sevilla. Partí para la provincia de Bungo, que este camino lo es también de Nangazaqui, donde está el obispo y algunos portugueses, y donde sucedió el martirio de aquellos santos mártires.[5] Y aunque esta navegación se hace en doce o quince días por la mar, duérmese casi cada noche en tierra y rara vez se pierde alguna de estas embarcaciones. Pásase por muy lindos lugares, aunque no tan copiosos de gente como los

5   San Felipe de Jesús y sus compañeros, el 25 de febrero de 1597. (N. del E.)

que quedaron atrás. Habiendo llegado a Bungo, al cabo de pocos días, sucedió el quemar aquel desgraciado galeón de Macao, por mandato del emperador, y a causa de la rebeldía del capitán mayor, que habiendo sido a llamar dos veces, y que pasase a su corte, para descargarse de un cargo que le habían hecho, y que era el haber ahorcado a unos japoneses, y entre ellos a dos embajadores del emperador, que enviaba al reino de Siam, y a causa de una tormenta, arribaron allí.

El capitán mayor (o gobernador de Macao), replicó y no quiso ir a presencia del emperador, y viendo este desacato, fue prendido, y echasen a fondo el galeón o lo quemasen, y esto postrero hicieron los japoneses con tan gran determinación, que embistieron con la artillería, y por la popa le pusieron fuego, sin que se escapase persona de cuantas venían dentro, habiendo sucedido esto con justificación de parte del emperador, por ahorcarle a sus vasallos y embajadores.

En razón del título de amistad con el rey nuestro señor, el emperador, sabedor de que yo había hablado en la corte por el capitán mayor, mandó a su secretario me escribiese la justa causa que había tenido para hacer lo que hizo, y que así, para estas materias como para las demás de los mineros y minas y de lo que tocaba a los holandeses, deseaba mi vuelta, y saber si yo quería ir con su nao a la Nueva España de la cual había comenzado a tratar el padre fray Luis Sotelo,[6] de la orden de San Francisco, que fue a llevar unas cartas mías desde Meaco, y aunque el capitán de la nao Santa Ana me la ofrecía, como la nao había estado varada trece días en tierra y era tan vieja y mal segura, y yo tenía pendiente con el emperador ne-

6 Véase el *Archivo histórico diplomático mexicano*, n.° 2, Noticia histórica de las relaciones políticas y comerciales entre México y Japón durante el siglo XVII, por Ángel Núñez Ortega, con una advertencia y un Apéndice, México, Publicaciones de la Secretaría de relaciones exteriores, 1923, pág. 36. (N. del E.)

gocios tan importantes, al servicio del rey Nuestro Señor, y con el primer motivo que me ofreció pedir estos mineros, me abrió puerta para encaminar lo que al servicio de Dios y al de su majestad convenía, tomando por asunto al enviar mineros de la Nueva España, elaboré de estas capitulaciones, otras, que ya están en el Consejo de las chapas, y cédulas reales que el emperador me dio, cuya sustancia dice en breves razones, siendo verdad como lo es, que nunca pretendí sino dirección y camino del bien espiritual, y conversión de aquellas almas. Y también rectificar la amistad del emperador con su majestad, y apartar de allí a los holandeses.

Las cláusulas y condiciones que don Rodrigo pidió al emperador

Respondiendo a la cláusula de los cincuenta mineros que el emperador pedía, dije que yo me encargaría de proponerlo a su majestad y a su virrey de la Nueva España pero, que su alteza el emperador debía concederme, para que esto tuviese más seguro efecto y se facilitase más las cosas siguientes:
Que a estos mineros se les diese la mitad de las minas que labrasen y beneficiasen, y de la otra mitad se hiciese dos partes; una para el rey don Felipe mi señor, y otra para su alteza el emperador, y que para la parte que al rey mi Señor tocase, tuviese en el Japón factores y ministros, y que éstos pudiesen tener consigo religiosos de cualquier orden, con templos públicos e iglesias para celebrar los oficios divinos. Y aunque éstas fuesen las últimas palabras de esta Capitulación, el principal pensamiento que en ellas tuve fue encaminarla a este fin, como van los demás. Luego pienso que dije que siendo su alteza el emperador amigo del rey don Felipe mi señor, con la firmeza que es razón, que lo sean los reyes sin quebrarse el vínculo de lo que prometieron, y siendo incompatibles dos enemigos en una casa, que su alteza se debía de servir de mandar, que los holandeses se fuesen de su reino, porque de otra manera ni el rey mi señor, ni sus naos, podrían tener seguras las espaldas en el Japón. Después de esta Capitulación, pedí en otra, que si de arribada o de principal intento viniesen naos del rey don Felipe mi señor, al Japón, que el emperador les había de dar puerto seguro y salvoconducto para que nadie le hiciese mal ni daño, ni tomase sus mercancías, sino que antes fuesen favorecidas y amparadas como si verdaderamente fuesen bajeles o naos de su alteza. La tercera capitulación dije, que en caso que el rey don Felipe

mi señor quisiera fabricar naos y galeras para enviar al Maluco[7] o a Manila, y haya menester socorrer aquellas fuerzas de pertrechos, bastimentas y municiones, que su alteza ha de proveer de oficiales para esta fábrica, y dar los bastimentas y pertrechos, jarcias, anclas y munición para estas naos y las que navegasen a la Nueva España a los precios comunes del reino, permitiendo la factoría o factorías que para estos fines el rey don Felipe mi señor quisiere poner, y que estos ministros suyos puedan tener consigo sacerdotes que les digan misa, e iglesias donde administren los divinos oficios. También me acuerdo que pedí, que siempre que su majestad enviase capitán o embajador, fuese recibido en todos los reinos del Japón, y hospedado como persona que venía en nombre de tan gran rey, y que éste, así mismo, pueda traer religiosos y ministros que le digan misas, y tener iglesias públicas para ello, y que haya de tener superioridad en todos los españoles que hubiese en el Japón, y castigarlos si cometiesen algún delito. Estas son las Capitulaciones que poco más y menos me acuerdo que llevó el padre Luis Sotelo, las cuales todas concedió el emperador. Solo quedó pendiente lo de los holandeses, en que nunca tomó más determinación: que la primera, cuando me respondió que les había dado la palabra, y en lo que tocó a los mineros, dijo que lo que estaba por ver, no cabía promesa segura, que conforme a su inteligencia y a la plata que sacasen haría lo que yo le pedía y mucho más si conviniese, y que se volvería a mirar, y antes de mi partida, que ya tomaría solución.

Considerando yo lo que importaba al servicio de su majestad dar fin a estas cosas, y ver si podía extirpar la raíz que se iba arraigando en el Japón de estos holandeses, me pareció menor inconveniente aventurar o quedarme allí algunos

---

7 Molucas. (N. del E.)

años quedar motivos que se dijese que por mi comodidad y embarcación dejaba movidas y comenzadas materias tan grandes, y si la capitulación de la plata se me concediera del todo como tengo mis muy fundadas esperanzas que se concederá, es verdad certísima que le valiera al rey nuestro señor más de un millón. Con esto me dispuse a volver a la corte del emperador como lo hice por el mismo camino y forma en que había venido, y en ella fui muy bien recibido, y estuve algunos meses, en los cuales se despacharon chapas y provisiones reales, concediendo todas las capitulaciones que he dicho, aunque en la de los holandeses y la plata, no se movió nada, y para prendas seguras de la amistad que de nuevo rectificara el nuestro emperador con el rey nuestro señor, acordó enviarle un embajador y un presente, con otro para el virrey, eligiendo para esto un fraile de San Francisco, o de otra orden —la que a mí me pareciese—, y nombrándole al padre fray Alonso Muñoz, le dio sus cédulas y despachos. También me prestó su nao, y 4.000 ducados de Castilla para aviarla, con orden de que si a mí me pareciese venderla, acá se vendiere, y le enviase empleado su procedido.[8] Con todos estos favores me despidió el emperador de su corte, y me remitió a la del príncipe su hijo, el cual así mismo escribió al rey nuestro señor, y le envió un presente, y otro al virrey, y allí se hizo el despacho de la nao San Buenaventura, en que yo vine, y se me dio el avío necesario con lo que pude salir a primeros de agosto, año de 1610, y llegué al puerto de Matanchel, en la boca de las Californias, a 27 de octubre de dicho año, con el más próspero y feliz viaje que jamás se ha visto en la mar del Sur.

8   El préstamo fue devuelto cuando Luis de Velasco envió al Japón la embajada que presidía Sebastián Vizcaíno. Véase la *Noticia histórica*, de Núñez Ortega. (N. del E.)

Lo que por fin de esta relación se me ofrece que decir, es lo que atrás tengo referido, que la cabeza del Japón que se pensaba en 33° y medio, está en 35° y medio, sobre Yubanda, donde yo me perdí, y ésta es la verdadera cabeza del Japón; sin embargo, el emperador tiene vasallos que le tributan tierra adentro, en más de 46° de altura, y así me lo afirmó el piloto inglés[9] que allí se perdió, y hacía más de dos años que era vecino de Japón: es grandísimo cosmógrafo y por aprender algo de esta ciencia, a la que el emperador es muy inclinado, le hacía gran favor y merced. Me dijo que una vez le envió a cobrar no sé qué derechos reales, y se llevó consigo el astrolabio, hallándose en 49°, sin haber andado todo lo que pudiera mis adelante. Estas islas del Japón son infinitas, casi contiguas unas con otras. La gran China dista 200 leguas del Japón, y la Corea está de la postrera isla del Japón, 50 leguas.

Tiene el Japón sesenta y seis reinos y, provincias sujetas a él, y el reino de la Corea está contiguo con la China, y es de grandísima riqueza y prosperidad. Tuvo ganada la Corea el emperador Taycosama, con ciento cincuenta mil japoneses que envió. Pero muerto el emperador, aflojaron y no supieron ni quisieron conservar lo ganado, porque aunque la tierra era tan buena, les parecía mejor la suya.

La gente de la Corea es poco belicosa y, goza del regalo y abundancia del Japón y, de la China, y en esto pudiera lucir la amistad del emperador con el rey nuestro señor para intentar tal empresa, que aunque la del Japón no tiene puerta sino la del Santo Evangelio, en la Corea por este camino y por el de las armas pueden estar las esperanzas de S. M.

9   William Adams (24 de septiembre de 1564–16 de mayo de 1620), llamado en japonés Anjin-sama, fue un navegante británico que viajó a Japón. (N. del E.)

muy esforzadas, anteponiendo por principal fundamento la amistad del emperador del Japón, sin cuyo favor ni se puede emprender, ni imaginar.

Los japoneses son mucho más belicosos y valientes que los chinos, coreas, thenenses, y que todos los de las naciones circunvecinas a Manila. Usan de arcabuces, y diestramente tiran cierto pero no aprisa; tienen alguna artillería aunque poca, pero fuegan mal. Es gente de gran obediencia en la guerra, aunque ahora no la tienen con nadie ni sé quién se la pueda hacer, aunque aventurase su poder el gran chino. Hay sitios inexpugnables en el Japón por naturaleza, y alcanza aquella región singulares excelencias que le comunican el cielo. El temple es como el de España, aunque mucho más frío en el invierno. No saben ni han oído decir de hambre ni de pestilencia, y los que peor lo pasan son los pobres, por la opresión y servidumbre de los ricos. Pero la abundancia de semillas que cogen, sin que haya mal año para el trigo, cebada, y arroz, los sustenta a todos bien, y antes desean que vengan forasteros y naos que les saquen los bastimentas, como los envían a Manila con postreros retornos y ganancias.

Los japoneses son viciosos en beber, y de aquí les resultan otros daños mayores, pues no se contentan con las mujeres que tienen, que algunas veces pasan de ciento: es que haya tantas a cuantas alcanza su posible. Aunque no les guardan lealtad, en ellas ocurre lo contrario, porque por cosa muy rara y notable se cuenta de alguna mujer casada que hiciera traición a su marido.

Son los japoneses de agudísimo ingenio, pero poco constantes y firmes; famosos mercaderes, y se precian de ser los que mejor engañan en este oficio.

Hay en el Japón hoy más de trescientos mil cristianos, de todo en ellos, como entre nosotros: las esperanzas de que se ha de dilatar y ensanchar nuestra fe católica, son muy grandes. Dios consiga los fines de ellas como pueda y conviene a su mayor servicio y gloria.

Tengo por infalible cosa que si las naos de Manila, desviaran su navegación para la Nueva España, tomaran puerto en el Japón, la harían más segura y sin tanto riesgo de la salud de los navegantes.

Pues una de las cosas porque se pierden estas naos, es por salir sobrecargadas hasta las gavias de Manila, y no las sobrecarga la ropa y mercadería, sino los matalotajes hechos en tierra fría y donde los géneros son tan aventajados, durarían más, y, causarían mejor salud; que el corromperse es una de las mayores causas de que muera tanta gente. Pruébase con la experiencia de tres barcos que han salido del Japón y traído felicísimo viaje, y con las razones que carecen de réplica, que son las siguientes:

El más acertado rumbo de las naos que salen de Manila y de que mejores sucesos han resultado, es ponerse temprano en altura y apartarse de las islas de los Ladrones, donde nacen los huracanes y tormentas de mayor riesgo; pues subirse en altura es arrimarse al Japón. Luego, si los juncos y naos flacas de los japoneses no se pierden, llevando la proa en su tierra, sino es que salen tarde, y llegan en quince o veinte días; qué mejor harán esta navegación nuestras naos, que son más fuertes y traen pilotos y marineros más inteligentes, y saliendo para el Japón derechos, tienen mil puertos seguros, y todos lo son en aquella costa en los meses de junio, julio, y agosto, que es su verano. Si su nao trata de poblar a Rica de Plata, que está a 150 leguas de la cabeza de Japón, para que las naos de Manila se reparen de las tormentas que hasta aquel paraje suelen correr, evidente cosa es que se conseguirá mejor este fin más cerca de donde le viene su daño, y con mayor comodidad de bastimentas y aguafes, y donde la jarcia es de balde, anclas y cosas de hierro, y hay madera y oficiales, no solo para aderezar naos, sino para fabricarlas, más a propósito que en la propia Vizcaya o Sevilla.

Entre los útiles que a Su Majestad se le siguen de la amistad con el emperador, uno es el que está dicho en que habrá opiniones varias aun entre los mismos pilotos, y así no hago regla universal de él, sino que cada uno goce de este beneficio como mejor le estuviese. El socorrer el rey nuestro señor el Maluco de bastimentas, pertrechos y municiones y de algunos bajeles. Se hace desde las Filipinas a gran costa de la real hacienda y con la mayor vejación para aquellas islas y sus naturales como pueden imaginarse, tanto de la provincia de Otón como de la de Cibú, de donde yo saqué en un año diez mil cestos de arroz, y se me amotinaron los indios de aquellos lugares, y los fortifiqué. La costa de hacer galeras y naos es también intolerable en Filipinas, pues hay pocas maderas, y cuestan sangre, arrastrándolas los indios a mano, con grave daño suyo. El hierro se trae del Japón, eso está claro, se encontrará más barato dentro de él, y la navegación desde Manila al Maluco que es de dos meses, y no es segura, desde el Japón se va en veinte días sin género de contraste, y los bastimentas en el Japón se compran casi de balde, municiones y pertrechos, de la misma manera. Y en lo que toca a fábrica de bajeles y galeras, hácese tan diferentemente, que ahorrará su majestad, de cuatro partes, tres. Con que no queda sobre que formular cuestión en esta cláusula, pues siendo todo esto más barato y mejor, y quitando carga tan escrupulosa y pesada a las Filipinas, y abreviándose el viaje, y asegurándose que nada falta, hase tratado diversamente qué efectos buenos al servicio de Dios y del rey nuestro señor podía surtir abrirse trato desde el Japón a la Nueva España, porque pinturas, biombos, escritorios, y lo que otra vez se trajo, no es mercadería para ordinario, pero esta misma razón me hace mayor fuerza para tener por buena la contratación, porque si la Nueva España cambia lo inútil y lo superfluo, como son paños, añil, granos, cueros, fieltros, sombreros, vino ... y por eso se le retome plata, oro, que tanto abunda y tanto es menester acá, no hace fuerza la razón contraria que se funda en que los géneros del Japón no sean necesarios en la Nueva España, y no excusará su majestad pequeño gasto en tierras de Japón, en jarcias, anclas, cables, velas, a precios tan baratos como allí se hallan. Manila envía a Japón lo que ha de mandar México, y las ganancias que tienen son grandes, y así lo contradice por su interés, la verdad de que no tiene ninguno. Se ha dicho sin más fin de que se elija lo mejor al servicio del Dios y del rey nuestro señor.

De la descripción de sus lugares y reinos, y de las grandezas que tiene aquel rey

El año 1609 salí de gobernador y capitán general de las islas Filipinas, habiéndome sucedido en estos oficios y en el de presidente de aquella audiencia don Juan de la Silva, natural de Jerez y criado en Flandes, donde había sido capitán de caballos, y como esta educación no es la más a propósito para el acercamiento de gobiernos grandes, donde son menester otras partes diferentes, llegó por marzo al puerto de Cavite, y teniendo yo aprestado el galeón San Francisco, y otros dos, y para comenzar a cargarlos, como dejé el gobierno, comenzó esta materia, y los demás a correr por su cuenta tan a ciegas y tan deslumbradamente, que en más de cuarenta días no despachó papel de gobierno sin memoria de despacho tan importante, que en hacerle temprano consiste su acierto o yerro. Pretendo nombrar por general a un deudo y criado suyo, y pensando como lo haría, hizo envite del oficio a don Juan Ronquillo, alguacil mayor, hombre que aspiraba a mayores cosas y que sabía no lo había de aceptar, y con este mismo pensamiento, a don Juan Esquerra, hombre más viejo y retirado ya, de quien juzgó lo mismo. Don Juan respondió que no podía ir, y el Juan Esquerra aceptó luego, que todo eso puede la ambición en un viejo de setenta años, sin fuerza ni brío para semejante oficio. Con ser éste el general, fueron corriendo las cosas más despacio, de suerte que salimos del puerto de Cavite el 25 de julio; y yo en el galeón de San Francisco que desembarcó con próspero suceso.
Pero en el paraje de Los Ladrones, comenzaron a 10 de agosto las tormentas, y fueron tantas y tan grandes, que hasta el 30 de septiembre que se perdió este galeón, no tuvimos cuatro días no fuesen de huracanes, y de tiempos los más bravos

que en la mar se han visto. Y con ser el galeón fuerte y de mil toneladas, por ser de mala fábrica, hacíamos algunas veces treinta personas al timón, y, no bastaban. Y fuimos corriendo hasta cerca del Japón, donde por llevar catorce palmos de agua sobre la carlinga, nos determinamos a cortar el árbol mayor y, arribar a él, y con cinco pilotos dentro que se erraron en la altura más de un grado, y en más de dos lo estaba la carta demarcar, porque nos hacíamos fuera de la cabeza del Japón. De pronto, y sobre las diez de la noche varamos en ella, sobre la costa y pueblo de Yubanda, 2 leguas de tierra, en unas peñas que luego fueron haciendo pedazos la nao, y se ahogaron cincuenta y seis personas, y los demás salimos en tablas y como pudimos, habiendo Dios detenido un pedazo de la popa, en que los demás se escaparon al amanecer, que al ser de noche oscura, pudiera ser que todos pereciéramos allí. El más rico, no sacó ni camisa, y yo perdí una gran recámara que llevaba hecha en China, y algunos diamantes y rubíes que solo valdría más de 100.000 ducados, quedando agradecidísimo a Dios de que me dejase la mejor riqueza, que fue la vida.

La nave Santa Ana, que salió cuando yo, arribó al puerto de Usique, y Santiago llegó a la Nueva España. Todos los que íbamos saliendo con tan poca ropa, no sabíamos dónde estábamos, creyendo que era alguna isla despoblada, hasta que vimos venir una tropa de japoneses, que preguntando quién era el «acha», esto es, el señor o capitán. Le dijeron que yo, y me llevaron atado, y a todos los demás también, hasta su pueblo, por un buen mal camino.

Allí nos tuvieron presos y cautivos, sin dejarnos salir hasta dar cuenta al Tono, que era su amo, y éste la dio a su emperador, y diciéndole a este Tono, que es allá como un Grande de España, que yo era el gobernador de Filipinas. Me vino a ver, y, me trajo dos vestidos de los que ellos usan y que semejan algo a las garnachas de oidores; trajeron también algunos regalos de comida, y entre ellos, una vaca, pues tienen por gran delito en comer de la carne de ella.

Pidióme que si el emperador me mandare ir a su corte, pasase por su casa, y así lo hice, que es un castillo bien fuerte y con un foso y un puente levadizo hecho de con harto ingenio. Habiéndome pasado cuarenta y ocho días, vino un piloto inglés, casado allí más había de veinte años, a quien el emperador favorecía, y trájome salvoconducto para salir de aquella prisión, y una chapa, que son sus provisiones reales, para que pasase hasta la ciudad de Surunga, corte del emperador, sin que nadie me molestase ni hiciese agravio ni llevase dineros por la comida y bastimentas, y mandó me diesen toda la ropa que hubiese salido a la playa, diciendo que aunque por ley de sus reinos era suya, él me hacía merced de ella. No faltaron letrados que tuvieron opinión que yo la podía recibir, pero no lo hice, sino antes la mandé entregar al capitán del galeón, diciéndole que la volviese a Manila a sus dueños, que yo no me quería hacer rico con hacienda de tantos pobres. Con esto fui pasando muy agasajado hasta la ciudad de Sendo, 40 leguas antes de la corte, donde tenía la suya y residía el príncipe, hijo mayor del emperador. Pedí licencia para verle, y diéronmela y no era menor la grandeza de este palacio del príncipe, y su autoridad, que la de su padre, a quién sucedió en gran daño de la cristiandad del Japón, de quien fue capital enemigo. Diome seis vestidos suyos, dos espadas ricas que llaman catanas, y dos arneses más galanes que los nuestros, aunque no tan fuertes.

Con eso pasé a Surunga a donde estaba el emperador, y, el mejor lugar de Sendo, en que asistía el príncipe, porque ésta tendrá 1.500 vecinos, y la de Surunga, 1.000, y la casa también es mejor y más suntuosa la de Sendo. Habiendo llegado a la corte de Surunga, otro día me envió a visitar el emperador con su secretario, a casa de un caballero donde por su orden me hospedaron, y envióme doce vestidos suyos muy galanos y cuatro espadas con recado discreto, diciéndome que fuese bien venido, que a quien había salido desnudo el mayor regalo que se le podía hacer era darle vestidos, que me los pusiese fuesen de otro traje, y descansase, que todo lo que fuese menester para mi persona y regalo se me daría copiosamente. Estuvo conmigo el secretario haciéndome varias preguntas, y avisóme mi huésped y varios caballeros japoneses que no dijese que quería ver al emperador hasta que de él saliese el mandarme ir allá. Estuve con esta suspensión ocho días, gozándome de una muy linda casa, y admirado de ver la grandeza de aquellos lugares, y al cabo de ellos volvió una mañana a verme el mismo secretario del emperador, y queriéndome ya despedir díjome: «¿Cuándo quieres ver al emperador?»

Díjele que cuando su alteza me diese licencia le tendría por muy gran favor. Respondióme: «Pues esta tarde podrás ir, que yo te enviaré la guardia de palacio que te lleve, y una litera del emperador en que vayas, que éstas se llevan como las sillas de manos.»

Díle las gracias, y a las dos de la tarde avisáronme que venía la guardia, que eran más de doscientos arcabuceros; y la silla en que entré, y atravesando una larga distancia llegué a un foso con un puente que levaron aprisa desde el castillo, hasta que dieron las señas los de la guardia. Entonces salió a recibirme un capitán con más de treinta alabarderos delante, y llamó a una puerta de hierro fortísima, la cual abrieron, y estaban con sus armas más de doscientos arcabuceros, por medio de los cuales me llevó su capitán hasta otro foso, cosa de 900 pasos de éste, con su puente también levadizo. Aquí me dejó en poder de otro capitán, y abriéndome la puerta había doscientos alabarderos puestos con sus armas, y algunos arcabuces arrimados, pasóme con grandes cortesías hasta entrar en un corredor de palacio, que en él y en la primera sala vi más de mil hombres y arcabuceros. Por otra, fueron recibiendo en cada sala y cuadra, caballeros de palacio, hasta pasar ocho o nueve aposentos que en su fábrica tuve tanto que mirar que los techos eran ascuas de oro, y las paredes con mil pinturas semejantes a la de los biombos, que acá envían, aunque demás primor. Dos piezas antes de donde el emperador estaba me salieron a recibir dos secretarios suyos y se sentaron conmigo pidiéndome que descansase un rato antes de pasar más adelante. Lo hice así, y Consecundono que era el más viejo me propuso estas palabras:

«Que le había parecido conveniente decirme la grandeza del emperador del Japón, y que, era el mayor monarca del mundo, y que como tal le respetaban sus reinos y vasallos, y que esto era de tal suerte que un Tono, que es como un Grande acá, y había alguno que tenía de renta dos millones; y venía a ver al emperador, y llegaba a cien pasos de su silla, hincándose de rodillas y bajaba hasta el suelo la cabeza, sin levantarla al emperador, y con esto sin que le hablase palabra, mostrándose servido y grato con recibir el presente que le traía. Se volvía a su casa y estado, y así como ésta era costumbre tan entablada, las ceremonias reales no podían tener quiebra, que el emperador estaba con cuidado. No juzgaré yo a sequedad el trato que era con fuerza tener conmigo, y se me quería prevenir, así que yo por lengua del padre fray, Juan Bautista, y de otro padre de la Compañía, que había oído atentamente sus bien dichas razones, y holgado de saber la grandeza del emperador de que yo no me podía espantar porque era vasallo del rey don Felipe mi señor. Que su grandeza era mayor porque era el gigante de los reyes del mundo, y en su comparación todos los demás eran enanos. Fuile diciendo en particular algunas cosas y entendiendo esto cuanto pude, pero que siendo así que los reyes con sus vasallos habían de tener serenidad y no quebrar las ceremonias, con los que no lo eran por buena razón de estado se debían mostrar llanos y apacibles, y que yo había sido enviado por mi rey a gobernar las islas Filipinas, donde fui su capitán general y presidente. Que volviéndome a España con tiempos contrarios y tormentas, me perdí en el Japón, donde quedé expuesto no solo al trato de los vasallos, sino al de los cautivos, que con este nombre comencé. Que si como a tal me había de tratar el emperador, midiendo las cortesías con mis desgracias y baja fortuna, cualquier pequeña honra me venía ancha, pero que advirtiese que habiéndome de tratar como a criado de mi rey y ministro suyo, que en este nombre debía ser mayor la honra, y que la que se me dejase de hacer era a cuenta de mi rey y no la mía. Que advirtiéndoselo así, que obrara como dispusiese.

Diose el secretario una palmada en la frente y díjome que quería hablar al emperador, y dentro de un cuarto de hora salió y dijo que entrase muy contento porque el emperador me hacía la honra nunca vista en el Japón.

Entré y halléle en la sala larga, que en medio de ella había una división con tres escalones, y desde lo alto de éstos comenzaban dos rejas, que en España juzgáramos eran doradas, pero allí sin duda eran de oro. Hasta llegar adonde estaba el emperador, que estaba sentado en una silla, redonda de terciopelo verde, y con una ropa larga de un como Tahi, de oro y seda verde y con dos catanas ceñidas, y el cabello todo trenzado. Era un viejo venerable, hombre gordo, de más de setenta años. Como a seis u ocho pasos me previnieron que no había de llegar a besarle la mano, pues era recato y recelo de estos reyes, que nadie se les acercase. Habiendo llegado con las cortesías debidas a este puesto, me detuve en pie.

Hízome dos señas para que me sentase, y otra para que me cubriese, y quedóse mirándome un rato y luego dio dos palmadas.

Salió un caballero que debía de ser de su cámara, y estaba postrado con otros diez o doce detrás de la reja. Mandó llamar a uno de los secretarios que conmigo estaban, y díjole que me dijese que sería holgado de verme, y que no estuviese melancólico y triste de mis trabajos, que el ánimo de los caballeros no se había de rendir por una desgracia en la mar. Que le pidiese mercedes que me las haría tan largamente como mi rey. Yo me levanté para responderle.

Mandóme sentar y, respondíle que aunque era verdad que mi pérdida y mi trabajo pudiera justamente melancolizarme, que la presencia de los reyes era poderosa para aliviar de mayores desgracias, y que así con la merced que su alteza me hacía, dejaba yo olvidado lo pasado, y que no quedaría corto en dejar de pedir mercedes a tan gran rey que a su tiempo lo haría.

Respondióme que luego dijese lo que quería, y el secretario instó en que no lo dilatase, y así le dije que tenía que pedir tres cosas a su alteza:

La primera, que a los frailes y padres de la Compañía de aquellos reinos no los maltratasen, sino que les dejasen predicar el Santo Evangelio libremente, con la seguridad conque lo hacían tantos bonzos de diferentes sectas. En segundo lugar le suplicaba que unos piratas corsarios holandeses que estaban en un puerto suyo, no los permitiese porque eran enemigos de mi rey, y cosa indecente en quien lo era tan grande como su alteza, favorecer y amparar ladrones. La tercera que le pedí, era que continuara la amistad y paz con vuestra majestad, y mandase hacer buen pasaje a las naos de Manila que allí viniesen y aposentasen de arribada. Oyólo todo, muy bien, y dijo que respondería, y aunque me quise levantar para irme, me mandó detener.

Entró en este tiempo un Tono, gran señor que venía de fuera, y arrodillóse a la puerta de la sala, y casi besó la tierra, enviando delante una mesa, y puestas en ella unas barras de oro que me dijeron valdrían 100.000 ducados. Mandóme enseñar la casa, y de allí a dos días me llevó la respuesta el secretario Consecundono, que fue que a los religiosos permitiría en sus reinos sin que nadie los persiguiese, y que de los holandeses no había sabido fuesen ladrones ni corsarios, que por dos años tenían palabra suya de que los dejaría en el puerto en que estaban, que pasados me la daba a mí que los desviaría de sus reinos, y que a él le estaba muy bien conservar la amistad con tan gran rey como vuestra majestad, y que así lo haría y muy gran favor y merced a los vasallos suyos, que de arribada o de otra manera viniesen al Japón. Y que si yo algo había de menester, se lo dijese.

Estuve en su corte, y en Meaco y en Osaka once meses, al cabo de los cuales me dio un navío en que venir, y 4.000 ducados para aviarle. Y entonces envié al padre fray Alonso Muñoz con los japoneses, y en presente a Vuestra majestad, en cuyo retomo se le llevaron algunas cosas desde México que me pidió, como fueron rayas negras, vino tinto, relojes, y otras menudencias. Que todas ellas sumaron poco,[10] y es cierto que si viviera este emperador, las cosas de la cristiandad fueran en aumento. Murió al cabo de dos años y aunque aquellos reinos no se dan por sucesión, el príncipe su hijo te-

10 Véase la *Noticia histórica*, de Núñez Ortega. (N. del E.)

nía bien ganadas las voluntades, con lo que lo alzaron rey de una gran monarquía, que lo es el Japón, que está dividido en sesenta y seis provincias que ellos llaman reinos. Son tres islas grandes y otras menores adyacentes. La una de estas islas es llamada Ximo, que quiere decir los reinos bajos, respecto del Meaco y de la corte.

Guinfiz, que quiere decir nueve reinos porque tantos contiene esta isla, y es la más occidental y adonde vienen de ordinario las naos de China y de Manila. Va de norte a sur, y es muy ancha, y tiene algunas entradas y senos del mar del sur y al poniente. La segunda se llama Xicocu, que significa cuatro reinos, y algunos la llaman Tensa, porque uno de estos reinos se llama Tofai; ésta se divide de la primera con un brazo de mar, que tiene en medio y que corre del este al oeste. La otra es mayor y comienza con la punta de la primera que está al norte y al oriente, y va corriendo sobre la segunda del este al oeste. Hay luego una punta hacia el sur, que los españoles llaman punta del Diablo, y es el reino de Quinocum. Y otras dos al norte, una al medio del Japón, y otra al fin, a la contracosta de Sendo, y de la cabeza donde se perdió el galeón San Francisco, año de 1609, a 30 de septiembre, a legua y media de Yubanda y de aquella parte más baja en altura es el reino de Sacuma, en el Ximo, que será 31° y medio, y la muy alta, la contracosta de Sendo, que aunque nuestros pilotos hacían el fin de ella en 34°, corre hasta más de 41. Y la gran ciudad de Meaco está en 35°, y casi en la misma altura está hoy Surunga y Sendo, que son las dos cortes al oriente del Japón. Tiene esta isla grande, cuarenta reinos, y en su circuito grande, muchas islas todas habitadas y copiosas de gente, de las cuales, tres tienen el nombre de reinos; dos al norte, abundantes de vecinos y de minas de plata, y la otra al sur, al poniente, está la gran China, que con razonable viento se puede navegar este viaje en tres o cuatro días, y entre la China y el Japón está una manga de tierra, que llaman la Corea, en 34°, y sube hasta 40°, con lo que viene a entrar contigua en la China, y tan cerca, que un tiro de arcabuz las divide, quedándole una ensenada al poniente; y a la parte del norte tiene el reino de Urangai, que es tierra firme con la Corea y Tartaria, a la parte del nordeste de Meaco, y al norte de la última punta septentrional del Japón está Yefo, con quien tienen trato los japoneses. Si es isla o tierra firme que continua con Urangai al sur, no hay isla o tierra que se sepa de importancia más al sudeste. Entre el sur y el poniente les queda la isla Hermosa, y debajo las islas Filipinas. Tratando de los principios de esta tierra, ellos dicen que antiguamente había alguna gente silvestre, y que sus reyes tuvieron principio de unos Camiseletes, y otros de la tierra: costumbre antigua de las naciones y personas insignes que se derivaban de los dioses. Mas lo que se sabe por tradiciones e historias ciertas es que descienden sus reyes, de un rey de la China, y que el primer rey del Japón llamado Giumuzeno comenzó su monarquía y él a reinar, 663 años antes de Cristo Nuestro Señor, 89 después de la fundación de Roma, y lo que en ninguna nación del mundo se sabe, ha durado esta nación en la misma familia y línea recta 108 edades, y en ellas 2.260 y tantos años y nunca tuvieron trato con ninguna nación hasta sesenta años ha; si no fue con los chinos. Y los libros de sus ciencias y religión les vino de ellos, y las ceremonias de los reyes del Japón son muy conformes y simbolizan a las del rey chino. Antiguamente los que llaman Dayres y sus deudos gobernaban, y no eran estimados los soldados como ahora en el Japón.

Más de 450 años a esta parte, dos familias de soldados descendientes de los Dayres se levantaron y la una prevaleció y después la otra, y así quedaron los reyes con solo el nombre, y tocáles el dar las dignidades del reino con muy poca renta que tienen, aunque la que basta para sustentar su casa y palacio.

Llaman a estos reyes el Dayre o Jesico, y siempre viven en la gran ciudad de Meaco, de más de ochocientos mil hombres. No salen de ella, ni pueden pisar el suelo, ni se dejan ver sino de personas que tienen cierta dignidad, y de sus mujeres. Los emperadores del Japón llaman Tencadoni, y la dignidad es de seguro Cubocama, que es lo mismo, y Cama quiere decir señor, y Cubo es lo propio que capitán general o dictador, como decían los romanos. Esta dignidad de emperador la da el Dayre, y él va a recibirla antes de entrar en su gobierno. Nunca el Japón ha sido vencido ni dominado de otra alguna nación, aunque pocas veces vinieron a pelear los chinos y corias, pero siempre volvieron con las manos en la cabeza, como apunté atrás. Son hombres de vivo ingenio y de gran cortesía entre sí. La mano izquierda que aquí damos a los inferiores es la derecha suya, y que hacen gran honra a quien la dan, porque dicen le fían el lado de la espada.

Son muy lindos arcabuceros aunque tiran muy despacio. Fuegan una lanza con primor, y de sesenta años a esta parte, tienen artillería, aunque no destreza en ella.

Los grandes señores tienen inexpugnables castillos y précianse de ardides de guerra. El gobierno político de sus ciudades es excelente y, atienden los que gobiernan a la causa pública con extraordinaria atención.

Las casas son aseadísimas y de notable limpieza, y hasta en la calle, la tienen grande. Es prosperísima la tierra, en oro y plata, y si tuvieran mineros y azogue, sacarían gran cantidad. El arroz es el sustento ordinario, y aunque se da trigo mejor y más fértil que en España, porque de una fanega, es lo ordinario coger cincuenta.

Comen el pan como fruta y en poca cantidad. No comen carne sino la que matan cazando, y de caza y pesca tienen más abundancia que nosotros: venados, conejos, perdices, cavacos, y toda clase de volatería, que cubre los ríos y lagunas. En el reino de Bofú, bien rico en oro, en la punta de él, cogen algodón, del que hacen mantas, y cáñamo. Los caballeros visten de seda, y, no es buena la del Japón, pues la traen de China cada año, con muchas pinturas y labores. Y traen los señores gran acompañamiento, y los respetan de tal manera los oficiales y gente ordinaria, que en pasando por la calle, se postran en tierra.

El barniz de los escritorios y bufetes, que es como resina de un árbol, no se sabe de otro que le iguale, y así tienen lindezas peregrinas de este género, y el de sus espadas y catanas es también cosa rara, porque hay catana que se aprecia en 100.000 ducados, y es cosa muy cierta que cortan un hombre, cruzadas las piernas de arriba a abajo, y ríense de que estimemos un diamante o un rubí, diciendo que la estimación verdadera se ha de tener en las espadas.

Los síes del Japón son como señores de título, y gozan con todo el imperio, de lo que hay en sus Estados, y dan la renta de ellos y la quitan como es su voluntad a sus criados y deudos, y acabados o mudados, se mudan todos los suyos, y los criados tienen la obligación de acudir a ellos tanto en la guerra como en la paz.

Adoran a los Camis, que fueron síes antiguos insignes en alguna cosa, y les piden todo lo temporal. También adoran a los sosoques, que fueron hombres del reino de Siam y Pegu. Piden su salvación; tienen grandes templos con bonzos letrados que predican, y hacen solemnes fiestas, y oficios, y entierros por sus difuntos. El templo de Taicosama vi en la ciudad el de Meaco, que pudiera ser considerado una de las siete maravillas. Levantaron allí una estatua de metal que dicen costó veinticuatro millones ella y el templo en que está, y que andaban en la obra cien mil personas. Yo llegué a verle y pedí licencia para subir por las gradas a lo alto, y considerando que traería algún rasguño, dada su grandeza, mandé a un criado mío que era un mozo de muy buena disposición, que tomase la medida de ese Daibú, que así llaman a ese ídolo. Rióse de mí y respondióme que ni aun de los dedos podría tomar medida. Al fin se la tomó del dedo pulgar de la mano derecha, y abrazado a él le faltaron dos palmos para abarcarle del todo.

Pasé al cuerpo de su mala iglesia, donde tienen pilas de agua maldita, como nosotros bendita, y para cubrir las cenizas del Taico, se postran por tierra y corren seis velos de brocados diferentes, hasta que separan una reja, donde están depositadas en un baño de oro. Con grandes exclamaciones las adoran y las vuelven a cubrir, y es cierto que el día que estuve allí noté la adoración de las mujeres y hombres en su templo. Sin divertirse, sin hablar, pero sí a mirar, con un silencio notable. Confusión grande para nosotros, que con asunto verdadero y tan diferente es nuestra indevoción y falta de respeto, muy grande.

En que prosigue el trazo de los japoneses,

como son: sus casamientos, y la guarda de sus mujeres,
que allá no se usa dote. Doctrina que no vendría mal
para España

El gobierno político de los japoneses es aventajado del que
yo conozco en todas las repúblicas del mundo, porque gente
sin Dios tener tantas leyes perfectas y conformes a caridad,
parece que hace repugnancia. Los vicios en esta tierra se cas-
tigan como lo he referido atrás, pues hay pocos ladrones y
los caminos están segurísimos de ellos. Los vagabundos no
se permiten porque hay jueces de ellos, y que a todos los
ocupan en sus ciudades y pueblos conforme a la inclinación
que tienen y a los oficios de sus padres y abuelos. Hay jueces
de labores y labranza, para que el arroz, cebada y trigo se
siembren con abundancia, y gozan de grandes privilegios los
labradores. No hay ganado en los campos, y sin haberle, es
la tierra de más ganado mayor de toda la descubierta, porque
el hombre más pobre tiene dos bueyes y vacas, y los ricos
muchas más. Y estas reses comen en las caballerizas paja y
cebada como los caballos, y son tan mansos que los cargan;
y hacen como unas angarillas levantándolas muy altas, y con
un cordel en la boca. Va un japonés sobre la carga de trigo,
arroz o cebada, y gobiernan el buey o toro facilísimamente.
Y andan como caballos de andadura, y pasan a las puertas, y
venden lo que traen cargado, y los vuelven a sus caballerizas
y pesebres, de manera que todos se pueden llamar cabestri-
llos como los que acá hacemos para la casa.

También hay jueces de barcos, y marineros, que les hacen
cortar madera, y hacer jarcias y anclas y lo necesario, y que
ninguno sale del puerto sin que sea visitado, y se vea que

lleva los marineros y avío convenientes. Lo que ellos llaman espiritual y devoción de sus templos, son los bonzos que están a su cargo, y el primor en lo material de sus edificios, la puntualidad en las horas en que rezan al demonio, gastando con tanto daño suyo, el tiempo.

No hay pendencias por mujeres, porque las públicas rameras están puestas por orden de la justicia, y señalado qué se les ha de dar. Tienen médico que las visita, y en estado de enfermedad contagiosa, las apartan con notable rigor.

En cuyas casas entran y salen los que quieren, pues en esto no se mueve cuestión jamás.

Las demás mujeres casadas, es cosa rarísima aunque sean mujeres de oficiales y de gente baja, oír que ninguna haya hecho ofensa a su marido. Cásanse todas sin dote, y aunque los caballeros y señores tienen tantas cuantas juzgan conviene a su autoridad, para alguno hay de cincuenta a sesenta. La primera esposa es la que tiene por mayor señora, y sus hijos son más válidos. Sin embargo, no se debe mostrar ofendida si es regalada alguna de las otras. Los muy pobres sustentan una sola, o igual dos o cuatro conforme a su caudal.

Las esposas de los Tonos no ven Sol ni Luna, ni a sus hermanos ni parientes, y pocas veces a sus hijos. Salen a los templos en unas sillas cerradas que llaman orimones, y con una toca grande hasta el pecho, para que nadie las vea en ningún caso. Infórmase un señor de éstos de los padres que tiene una doncella, de su calidad y de su recato, de su mansedumbre y condición, y de su hermosura, y ésta es la dote que buscan para pedirla, pero su padre no les da ninguna, pues esto es tenido por ofensa, y más bien es el novio el que regala a los padres y a los parientes, y como no se piden ni dan millaradas de dotes, consérvanse en mayor prosperidad las casas de pobres y ricos.

Materia de estado que ojalá se siguiese en España, pues algunos roban el mundo para dotar una hija, y ya no se mira en las demás partes para buscarla, solo se pregunta que cuánto tiene de dote.

Y mande vuestra majestad que se le consulten los proes y contras de esta materia, y que se hallará tanto cuerpo en ella, que se dará alcance a una de las mayores importancias de la España, y que si se quitasen o moderasen las dotes, se remediara mucho la pobreza, y aun levantando más ese concepto, crecería más la virtud, viendo que en función de ésta, se escogería solamente las mujeres, y no llevasen dotes al matrimonio, porque se ensoberbecerían contra sus maridos. Aristóteles reprendió a los Lacedemonios porque permitían dar grandes dotes, siendo más conveniente que casasen sin ellas, o a lo menos fuesen más moderadas: «intolerabilius nihil et quam femina dives», y está claro que el marido que recibió gran dote y hacienda, se halla por ella obligado a un modo de respeto reverencial, impropio de la superioridad del marido, y no le negará las galas, las joyas y riquezas que ella trajo. Y no es menos que San Pedro, que dijo que la poca obediencia de las mujeres casadas a sus maridos, nace de la profanidad de sus galas y trajes profanos, y cesando la costumbre de dotarlas, se introduciría en ellas la humildad; colígese esto en el ejemplo de Sara, que obedecía a Abrahán y le llamaba señor. Y decía San Ambrosio que esto se debía porque se había casado sin dote, porque las que la llevaban grande, no se humillaban. Y se prueba y sería de gran utilidad atajar las diligencias dificultosas, con que en casas ilustres y en todas, se procura juntar el dote de las hijas, que por mayor parte superan a los varones, y la desigualdad en las dotes las hace en las calidades, porque el oro lo empareja, y ver restituciones sobre asuntos de pleitos de dotes, que hay en todas las cancillerías y audiencias.

No es conveniente el forzar y violentar voluntades e inclinaciones, porque los padres no teniendo grandes dotes que dar a sus hijas, las hacen tomar el velo por fuerza y entrar en religión, donde viven y mueren descontentas. Razones todas porque las que se llega a juzgar que quitar la dote totalmente es dificultoso, pero moderarla, resulta conveniente.

En fin, éste es el uso del Japón, y la estima de los plebeyos a los señores y caballeros, y el respeto y la veneración son tan grandes, que cuando pasan por la calle, se les humillan hasta el suelo. Y aunque un hombre bajo llegue a ser muy rico, no se atreve a emparentar con los de sangre ilustre, ni a ponérseles en nada.

Ejemplo que si acertáramos a seguir, en los españoles no habría tantos linajes manchados, solo por el interés.

De la diferencia que hay, de la condición de los japoneses a los chinos,

y cuanto se precian los japoneses de feroces y bravos, y los chinos de mansos, templados y sufridos. Y el gran gobierno que tienen los chinos, en la merced que hacen a los señores y grandes, tomando ejemplo de su rey Esta nación japonesa desvanécese con la valentía y arrogancia que tienen, con ser más bárbaros que gente discreta, y con razón, pues no solo se muestran osados en la guerra, sino en matarse a sí mismos, sin querer que lo haga el verdugo, cuando por algún delito son condenados a muerte. Pues en tal ocasión es acto positivo de su nobleza, juntar sus deudos, sus amigos y caballeros, y hacerles un parlamento, para que sean testigos que mueren con osadía y sin rendirse al temor, y encargándoles sus hijos y deudos. Luego echan mano a la catana que tienen ceñida, y se cortan por medio, con tanta braveza e impiedad que suele quedar medio cuerpo a una parte. Alaban los circunstantes y, convidados esta hazaña bestial y bárbara.

Es esta nación poco liberal en dar, y comúnmente impaciente y mal sufrida. Los chinos y sangleses no son tan osados: hacen gran gesto de la paciencia.[11]

11 A continuación de este escrito se halla en el original una nota del tercer conde de Orisaba, nieto del autor, en que dice haber recogido y juntado los papeles de su abuelo que estaban sueltos, en un volumen, y añadido las cédulas Reales y despachos, de la familia. El que extractó y copió respectivamente este manuscrito, extractó también estos papeles de familia, de que nosotros hemos sacado las noticias relativas al autor, que hemos puesto en cabeza de la relación. Hemos conservado esta nota de la edición original, por considerar que aporta información relevante para identificar el contenido de los manuscritos de Vivero. (N. del E.)

Libros a la carta

A la carta es un servicio especializado para
empresas,
librerías,
bibliotecas,
editoriales
y centros de enseñanza;
y permite confeccionar libros que, por su formato y concepción, sirven a los propósitos más específicos de estas instituciones.

Las empresas nos encargan ediciones personalizadas para marketing editorial o para regalos institucionales. Y los interesados solicitan, a título personal, ediciones antiguas, o no disponibles en el mercado; y las acompañan con notas y comentarios críticos.

Las ediciones tienen como apoyo un libro de estilo con todo tipo de referencias sobre los criterios de tratamiento tipográfico aplicados a nuestros libros que puede ser consultado en Linkgua-ediciones.com.

Linkgua edita por encargo diferentes versiones de una misma obra con distintos tratamientos ortotipográficos (actualizaciones de carácter divulgativo de un clásico, o versiones estrictamente fieles a la edición original de referencia).

Este servicio de ediciones a la carta le permitirá, si usted se dedica a la enseñanza, tener una forma de hacer pública su interpretación de un texto y, sobre una versión digitalizada «base», usted podrá introducir interpretaciones del texto fuente. Es un tópico que los profesores denuncien en clase los desmanes de una edición, o vayan comentando errores de interpretación de un texto y esta es una solución útil a esa necesidad del mundo académico.

Asimismo publicamos de manera sistemática, en un mismo catálogo, tesis doctorales y actas de congresos académicos, que son distribuidas a través de nuestra Web.

El servicio de «libros a la carta» funciona de dos formas.

1. Tenemos un fondo de libros digitalizados que usted puede personalizar en tiradas de al menos cinco ejemplares. Estas personalizaciones pueden ser de todo tipo: añadir notas de clase para uso de un grupo de estudiantes, introducir logos corporativos para uso con fines de marketing empresarial, etc. etc.

2. Buscamos libros descatalogados de otras editoriales y los reeditamos en tiradas cortas a petición de un cliente.

LK

Printed in Poland
by Amazon Fulfillment
Poland Sp. z o.o., Wrocław

69305495R00049